上海家长学校
名人家庭教育丛书 | 杨敏 主编

中国近现代名人家庭教育启示录

文学家卷

胡正伟 著

上海人民出版社
上海远东出版社

图书在版编目(CIP)数据

中国近现代名人家庭教育启示录. 文学家卷/胡正
伟著. 一上海：上海远东出版社, 2023
（名人家庭教育丛书）
ISBN 978-7-5476-1954-4

Ⅰ. ①中… Ⅱ. ①胡… Ⅲ. ①家庭教育-中国②文学
家-生平事迹-中国-近现代 Ⅳ. ①G78②K825.6

中国国家版本馆 CIP 数据核字(2023)第 193499 号

责任编辑 唐 鋆
封面设计 李 廉

本书由上海开放大学
家庭教育教材开发与出版项目资助出版

名人家庭教育丛书
中国近现代名人家庭教育启示录. 文学家卷
胡正伟 著

出 版 上海远东出版社
      (201101 上海市闵行区号景路 159 弄 C 座)
发 行 上海人民出版社发行中心
印 刷 上海信老印刷厂
开 本 890×1240 1/32
印 张 5.375
字 数 103,000
版 次 2023 年 12 月第 1 版
印 次 2023 年 12 月第 1 次印刷
ISBN 978-7-5476-1954-4/G·1190
定 价 40.00 元

名人家庭教育丛书

编 委 会

总序

　　每个时代各领域的名人名家通常都具有敏锐的洞察力和感知力,是新思想、新观念的传播者,也是社会变革的积极参与者和推动者。

　　作为一个有思想、有力量、有张力的群体,名人名家大多对其所在的领域有深入的理解和独特视角,能够提供有前瞻性、创新性的思想和观点,引领社会的发展方向。他们中的一部分人是社会的领导者和决策者,其决策和行为直接影响社会的稳定与和谐;他们通过自身的影响力和权威,在社会中起到调节和稳定的作用。

　　与此同时,他们也是各类知识和技术的传授者,通过教育推广、研究思考和实践行动,将自己的知识和经验传递给更多的人,推动社会的科技进步;他们作为公众人物,其言行能够对公众产生较大影响,塑造公众的价值观和世界观,助推社会奔向未来。

　　此外,他们的成功与名望,往往能鼓舞更多的人去追寻自己的目标;他们的存在就像一座座灯塔,为大众指明前行的方向。而他们在家庭教育方面的与时俱进、勇于创新,正是他们在整个社会发展中敢于尝试和创造的价值折射。

　　从宏观角度而言,近现代中国的家庭教育像浮雕一样凸显在中国教育史上。在西方社会文化思潮和教育思想涌入中国社会的同时,中国传统家庭教育自身也开始对旧式的家庭教育理念与实践展开了自我批判,并在尝试改革与重构。[①] 随着中国社会的转型,近现代中国各领域名人大家的家庭教育都发生了巨大变化。其重要特征,就是他们把科学、民主、平等的思想观念和实践行动带入家庭教育中,将家庭教育爱国育人的优秀传统和科学、民主、平等的时代精神兼收并蓄、相互融通,以适应转型社会对人才培养的要求,开创了一股更新家庭伦理和教育观念的新风气,也带来了中国家庭教育与人才培养的新时代。

纵观 1840 年至 1949 年的我国家庭教育发展史,大致可以划分为四个阶段[②]。

第一阶段,从 1840 年鸦片战争到 19 世纪 60 年代,是我国家庭教育近现代转型的沉默期。此阶段家庭教育总体上尚未突破传统模式,也未呈现家庭教育转型的痕迹。

第二阶段,从 19 世纪 60 年代至 90 年代,是我国家庭教育近现代转型的起步期。此一时期,家庭教育近现代化的步伐比较缓慢,只局限在一些高层统治者和名人大家尤其是官宦家庭中。

第三阶段,从 19 世纪末到 1912 年中华民国成立,是我国家庭教育近现代转型的发展期。在此阶段,我国家庭教育随着近

---

① 季瑾:《家庭教育现代化的启动与发展——计于民国家庭教育史的研究》,南京:南京师范大学,2013 年。
② 南钢:《我国家庭教育的近代转型》,兰州:西北师范大学,2001 年。

现代文化教育转型的深入而逐渐深化,在家庭教育的内容、方法、原则及理论层面都有突破性的成就,家庭教育成为一种较普遍的社会意识。

第四阶段,从1912年中华民国成立到1949年中华人民共和国成立,是我国家庭教育近现代转型的成熟期。此一时期,随着对西方幼儿教育思想、制度及儿童心理学的学习,家庭教育思想发生了革命性变革,使得家庭教育的目的、作用、内容和方法等,都显示出鲜明的近现代特征。

从发展趋势来看,这四个阶段的家庭教育转型呈现的大方向是父母对子女教育的两个转变:从注重孝道、尊重长辈和家族的传统规矩,向更加关注子女的个人发展和自由意志,注重理性思维和科学知识的转变;从传统的权威教育,向自由、平等和科学的教育转变同时,提倡男女平等和尊重个体差异。

基于这些转变,父母教育子女的方式和理念发生了巨大变化,近现代中国家庭教育呈现以下六个主要特点。

第一,注重传承价值观。近现代名人名家的家庭教育无一例外都有自己的一套核心价值观和生活哲学,他们希望通过家庭教育将这些价值观和生活哲学传承给下一代,包括对社会责任感的理解、对人生目标的设定、对成功的定义等。

第二,重视全面发展。他们的家庭教育往往强调个人的全面发展,涵盖传统文化、学业专攻、艺术爱好、社交能力等多方面的能力培养。他们的目标不仅仅是让孩子在学业上取得优异的成绩,更注重培养他们的独立思考能力、创新意识和解决问题的能力。

第三，提供丰富资源。近现代名人名家通常都拥有丰富的资源，所以他们可以为孩子提供更多的学习和成长机会，包括优质的教育资源、各种社会活动以及旅行经验等。

第四，高度参与子女的成长。在子女成长的过程中，他们大都高度参与了孩子的教育行动，对孩子的学习、活动、兴趣、理想、志趣等方面都细心关注，在必要时提供高能的指导和帮助。

第五，培养子女的自主性。近现代名人名家的家庭教育十分注重鼓励孩子独立思考和自主决策，多方面提高子女的自主性和适应性，使孩子能够更好地面对未来的挑战。

第六，国际化视野。近现代名人名家通常都具有较高的国际化视野，他们会通过各种方式让孩子接触国际文化，提升他们的国际意识和跨文化交际能力。

在此基础上，近现代中国家庭教育的发展与嬗变具有令人瞩目的价值：首先是培养优秀人才。家庭教育是培养优秀人才的基础，通过科学合理的家庭教育，可以培养出具有独立思考、创新能力和社会责任感的青年一代。其次是促进社会和谐发展。家庭教育对于社会和谐发展具有重要作用，良好的家庭教育能够培养出有健康人格和积极向上的社会行为习惯的公民，为社会的进步贡献力量。再次是传承优秀文化。中国历史悠久的家庭教育传统具有深厚的文化内涵，通过传承和弘扬这些优秀的家庭教育文化，可以使家庭教育更加健康、科学、有效，为社会提供稳定的文化基础。

以此为背景,本套丛书以近现代时期名人大家的家庭教育思想与实践为切入点,通过挖掘他们人生历程、事业成就、亲子绵延与家庭教育之间的密切关系,展现两代人、几代人在家庭教育中薪火传递、生生不息的真实图景,进而从中国家庭教育嬗变状貌中了解传统家庭教育精华与西方教育精神交融的时代特征,为当下家庭教育提供可资借鉴的思想和案例,具有深刻的理论探索与实践价值。为此,我们推出了这套"名人家庭教育丛书"。

本丛书分六册,在写作上注重三点:第一,全部内容皆从此阶段本领域名人名家的真实案例出发,立足家庭教育视角展开。第二,既保持内容的相互连贯性、体例的统一性,又注重各个分册的独立性、独到性。第三,各分册由若干篇组成,每篇之下又有若干章,每章都包含几个层次:辉煌业绩与成就、成长历程及家庭背景以及家庭教育思想和实践经验等,以期给当下家长提供切实可行的家庭教育思想指导和行动点拨。

《中国近现代名人家庭教育启示录. 教育家卷》,由上海财经大学教师、复旦大学博上汪堂峰撰写。全书以"白序:别人家的孩子 自己家的孩子"为开端,而后分三篇展开。第一篇"筚路蓝缕 以启山林",从"马相伯:中西结合成就'日月光华'人生""蔡元培:宋儒崇拜之谜"两部分沉稳展开。第二篇"玉汝于成 功不唐捐",包括"张伯苓:功名蹭蹬老风尘 读书有子不嫌贫""马君武:老农勤稼穑 向晚尚冬耕"两部分,写得深情款款。第三篇"布衣情愫 星河长明",则分别从"陶行知:生活即教育家庭即学校"和"章绳以:娜拉出走该这么办"落笔,既娓娓道来,又深邃绵邈。

《中国近现代名人家庭教育启示录.国学家卷》,由上海开放大学浦东分校张佳昊老师和上海开放大学人文学院杨敏教授联合撰写。本书以社会学视角下家庭教育的三个维度——时代维度、社会维度和人生维度为逻辑框架,紧密结合近现代的时代巨变、社会现状及大时代下纷繁多变的众生实景,通过选取一系列国学名家的人生实况,挖掘他们成功人生背后的家庭教育经验与思想。第一篇"时代机遇:西学东渐与使命创新",重在从"陈寅恪:海纳百川,有容乃大""陈垣:壁立千仞,勤学如斯""顾颉刚:融会贯通,治学有方""汤用彤:追踪时代,薪火相传"及"吴宓:精通西学,布道国学"五个案例着手,立足时代维度,清晰呈现近代西学东渐之后家庭教育面临的时代背景,国学家们所承担的、适应时代要求的家庭教育新使命,以及他们在家庭教育中具备的创新力、变革力与洞察力。正因如此,他们才能在面向复杂而充满不确定性的未来培养后代的时候,拥有清晰的理解和判断,明确的意识和能力。第二篇"社会场域:现实碰撞与行动引领",包括"赵元任:文理兼修,全人教育""黄侃:虔诚问学,家学之道""金克木:博学笃志,切问近思""梁启超:成在将来,不在当下"以及"章太炎:教书育人,太独必群"五个部分,是立足社会维度,呈现在近现代社会,国学家们作为子女融入社会的首席指导师,自身所具备的全面、客观、理性、科学的社会素养,以及他们在子女走向社会过程中的强力引导,包括清晰的意识、积极的情感和良好的策略。第三篇"人生长河：山山而川与迢迢其泽"，则是从"刘文典：魏晋风骨，师者异类""吕思勉：寓教于乐，发展天性""钱穆：家学渊源，创新传承""王国维：有我之境，无我之境"和"王力：事业家庭，兼爱兼成"五个案例着眼，立足人生维度，梳理阐述国学家们是如何把家庭当作子女人生旅行的起点和人生教育的第一课堂，为子女拥有完满人生做准备的。他们既要为子女独立人格和品格打基础，也为子女的人生发展作指引，让子女有能力走好人生路。

《中国近现代名人家庭教育启示录.文学家卷》，由国家开放大学人文教学部副部长胡正伟副教授撰写。本书分四篇呈现近现代中国著名文学家的家庭教育方略。第一篇"谁痛苦，谁改变"，包括"鲁迅：记得当时年纪小""许地山：苦中作乐""王统照：外圆内方"和"梁实秋：人生如寄，多忧何为"，立足于德国心理学家海灵格"谁痛苦，谁就会改变"的教育思想，以四位文学家为案例阐述这样的家庭教育领悟：只有当一个人真正感到痛苦，不再愿意继续以当前的方式生活时，他才会寻求改变。第二篇"教育就像种子"，由"叶圣陶：希望他们胜似我""张恨水：甜蜜的负担""沈雁冰：与时代同行"以及"朱自清：宁廉洁正直以自清，佩弦以自急"组成，以联合国第七任秘书长、2001 年诺贝尔和平奖获得者科菲·安南的"教育就像种子，耐心培育才能开花结果"这一理念为视角，展现四位文学家家庭教育的全面性和综合性——通过培养知识、思维方式、技能以及个人品格和价值观，为儿女的发展播下一颗颗强大的种子。第三篇"每个人身上都有太阳",则涵盖"林语堂:拒绝焦虑""成仿吾:有所不为,有所为""沈从文:只用无私和有爱回答世界"与"艾芜:像一条河一样"四部分,从苏格拉底的"每个人身上都有太阳,主要是让它如何发光"这一思想高度,呈现四位文学家是何发掘和发展孩子的天赋和才能,让孩子相信自己的潜力,并致力于不断提升自己,以达到更高成就和更大影响力的。第四篇"人间至味是清欢",由"老舍:最美不过烟火气""俞平伯:不必客气""巴金:隐没进芸芸众生"及"赵树理:愿你决心做一个劳动者"组成,站在画家米勒"家庭是我们自己的小天地,我们在这里制定自己的生活法则,在这里播种幸福的种子,灌溉快乐的秧苗,并将它们散布到世界的大园圃中"这一情感维度,同时结合宋代文学家苏轼"人间有味是清欢"的诗意人生追求,展现四位文学家是如何让孩子领悟人生的价值和意义不仅在于物质的追求和外在的成就,更在于内心的富足和平和的。

《中国近现代名人家庭教育启示录. 科学家卷》,由上海开放大学文学教育系主任、复旦大学文学博士洪彦龙撰写。本书以"自序:'做而不述'的科学人"为开端,分四篇呈现近现代中国著名科学家的家庭教育之道。第一篇"数归其道",包括"陈建功:求学是为了我的国家,并非为我自己""熊庆来:救国育才的数学界'伯乐'""苏步青:为学应须毕生力,为民为党献余生"和"华罗庚:我们最好把自己的生命看作前人生命的延续",重点呈现四位科学家家庭教育中的道德教育与品格养成。第二篇"物穷其理",则通过"吴有训:与诺奖擦肩而过,为祖国奉献一生""严济慈:科'济'之光,'慈'训无双""童第周:中国人不比外国人笨"
"萨本栋:途遥路远研物理,厦府倾心苦坚持""杨振宁:横跨中
西,今古传承"与"李政道:细推物理须行乐,何用浮名绊此身"六
位科学家的个人成长和家庭教育实录,重点呈现他们对子女探
索精神、科学之道以及研究能力的培养。第三篇"地藏其宝",涵
盖"章鸿钊:藏山事业书千卷,望古情怀酒一厄""李四光:无愧大
地光,油海千顷浪""竺可桢:收回中国天气预报'主权'""孙健
初:风雨前行的阵阵驼铃"及"梁思成:宽严相济、博精结合"五位
科学家的人生轨迹,重点呈现他们在科学领域、家庭教育中宁静
致远、海纳百川的精神境界,与万化冥合的心灵领悟。第四篇
"工善其事",则分别通过"侯德榜:只要努力,泥土里也能长出惊
世的花""王淦昌:科学没有国界,但科学家有祖国""束星北:但
愿中华民族振,敢辞赢病卧黄昏""钱学森:立星辰大海之志,创
两弹一星之功"及"钱三强、何泽慧:科学伉俪的世纪之爱"的书
写,重点呈他们的科学研究之道、家庭教育之道和子女培养
之道。

《中国近现代名人家庭教育启示录.艺术家卷》,由中国福利
会吕沁融副编审撰写。全书以"自序:艺术的力量"发端,以"结
语:家庭与艺术,是追求真善美的道路"收尾,其间分三个篇章展
现近现代中国著名艺术家的家庭教育之光。第一篇"新潮与旧
地",从"旧地上的'家'""逐渐兴起的人文精神"和"自由生长的
民间艺人"三个层面铺叙,侧重描述在中西文化交融下的艺术家
们基于家庭的成长之路,通过一个个鲜活的从家庭出发走向广

大世界的追梦故事,以历史视角勾画出一个大时代的艺术人文图景,从而展现出新思潮与旧土地激荡的背景下家庭教育对艺术家的影响与成就。涉及的艺术家有黎锦晖、查阜西、梅兰芳、尚小云、荀慧生、程砚秋、骆玉笙和华彦钧。第二篇"自我与家国",则从"重塑美学教育""彰显民族本色"及"打通中西壁垒"三个部分着笔,重点阐释艺术家的"家国情怀",揭示艺术家面对动荡年代的社会责任与家庭责任,在追求个人成就的同时,是如何取舍、如何抉择,如何披星戴月、承前启后而建立起影响近现代中国艺术发展丰碑的,凸显家庭教育是社会责任培养的第一站这一真谛,涉及的艺术家有李叔同、丰子恺、杨荫浏、黄自、戴爱莲、张充和、周小燕和管平湖。第三篇"艺术与无华",则分别以"血脉相连""启智开蒙"和"生命华章"为主题,重点揭示艺术家们在辉煌成就的背后,对人间冷暖的体悟和对真善美的追求,启发当代家庭教育如何汲取这一份能量,继续将平凡的人生谱写成新的华章。涉及的艺术家包括傅聪、贝聿铭、启功、萧友梅、林风眠、木心、朱光潜及贺绿汀。

《中国近现代名人家庭教育启示录. 法学家卷》,由上海开放大学人文学院院长、张志京副教授和上海开放大学普陀分校王仁或教授联合撰写。本书选取近现代中国 12 位著名法学家的成长历程和家庭教育状况为案例,分三个部分逐一展示他们带领子女奔向理想人生过程中的成就与经验。第一篇"教子行为先,身教胜言传",重点表达四位驰名中外的法学家在以身作则、身体力行方面给子女带来的重要影响,包括"梅汝璈:春风化雨,润物无声""彭真:温恭朝夕,念兹在兹""王世杰:拳拳之情,眷眷为怀"及"宋教仁:白眼观天下,丹心报国家"四个案例。第二篇"父母之爱子,为之计深远",则重点展开另外四位法学大家在教育子女过程中的高瞻远瞩、坚实铺垫给儿女带来的底蕴与机遇,包括"钱端升:人无信不立,事无信不成""沈钧儒:立志须存千载想,闲谈无过五分钟""吴经熊:猗猗季月,穆穆和春"及"谢觉哉:常求有利别人,不求有利自己"。第三篇"箕引裘随,自有后人"从世家发展与父子接力的角度展现了四位法学家在家庭教育方面的成功与效应,包括"王宠惠:守得安静,才有精进""董必武:所虑时光疾,常怀紧迫情""周鲠生:谁言寸草心,报得三春晖"及"曾炳钧:栉风沐雨,玉汝于成"。

处于历史与现实、传统与现代、本土性与世界性冲突与融合过程中的近现代名人大家,他们在家庭教育转型与更新中呈现的中西兼容的文化气质、家国一体的立世情操、薪火相传的生命精神,留下了许多家庭教育的成功范例,形成了精进笃行的优良家风,培养出大量紧缺人才。时至今日,他们虽然身影已远,但光影仍在,他们如同散落在广阔大地的蒲公英种子,在世界的不同角落开花结果,各自奉献独特的事业成就,安享平和温馨的日常生活,根深叶茂,生生不息。

"名人家庭教育丛书"编委会主任 　王伯军

着力即差

"近现代"作为一个时间概念,正在渐行渐远。至于"名人"或者"文学家",在普通人的视野里,时至今日也依然是遥若星辰,闪耀却触不可及。然而,说到"家庭""家教",人们并不陌生。事实上,家庭作为人生最初的学校,其影响伴随一生。

四十年前的九月,忙于生计、分身乏术的父母将尚未到入学年龄的我送进了小学。学校离家并不远,收留我作为旁听生入学的付兰华老师就住在我家隔壁,这些多多少少都在减轻一个小孩子的压力,饱食悠游,泛若不系之舟。事实上,对比身边那些比我大上一两岁甚至三四岁的大孩子,我完全可以"野生"两三年,到了入学年龄后,再正式开始学业。

危机来自汉语拼音里的一个声母。在 a、o、e、i、u、ü 等韵母顺利学完后,付老师开始教人家声母 b、p、m、f、d、t、n、l,问题就出在这个"m"上,当我把后学的"n"抄写整齐,倒回头来检查,突然觉得"m"抄得不对,至少抄得不美——怎么可以两边不对称呢?怎么可以不是两个"n"稳稳地粘连在一起呢?于是,我决定用橡皮擦掉重写。一遍、两遍……作业本上的纸被擦薄了、擦毛了、擦烂了,仍然没能一笔写成三个间距均匀的小竖,让每一个抄写下来的"m"呈现出完美的两个"n"对称粘连。从黄昏到日暮,上灯时分,我终于还是沦陷在与一个字母的不懈抗争与连连挫败中。

是父亲将我轻轻"捞起"。他拿起我的铅笔,在作业本上划出一个字母,问我:"这是什么?""摸(m)。""你看,两边不一般齐,不也还是'摸(m)'吗?别写了,先吃饭吧……"

很多年后,偶然读到《东坡纪年录》中的一段文字,方有所悟。公元1100年,宋哲宗赵煦驾崩,宋徽宗赵佶即位。身处边徼荒凉之地的苏轼遇赦北归。公元1101年,苏轼在途经真州,也就是江苏仪征时染疾。弥留之际,好友维琳方丈在苏轼耳边大声说:"端明宜勿忘西方。"苏轼回应道:"西方不无,但个里着力不得。"此时,另一位好友钱世雄也凑近苏轼说道:"固先生平时履践至此,更须着力。"苏轼喃喃回道:"着力即差。"语绝而逝。

笔者早年苦练一笔写成"m"的三个间距均匀的小竖,实在是太过于着力。至于父亲的那句"别写了,先吃饭吧",竟然有了"着力即差"的哲意。从传统走来,历经近代以迄现代,中国发生了社会、文化的深刻变迁。在众声喧腾、烟火氤氲的人世间,具有这种哲意的家庭教育显然还有许多。在群星璀璨的中国近现代文坛,那些或铁肩担道义、或妙手著文章的文学家们建构着时代,也经营着家庭。他们在时代转型的阵痛中寻求改变,在家庭生活中播撒教育的阳光与雨露,收获人生至味。

斯人已逝,幽思长存。空谷蛩音,萦回至今。本书聚焦中国近现代文坛鲁迅、许地山、王统照、梁实秋、叶圣陶、张恨水、沈雁冰、朱自清、林语堂、成仿吾、沈从文、艾芜、老舍、俞平伯、巴金、赵树理这些文学家的家庭教育,在勾勒文学家平生辉煌与人间岁月的基础上,展示他们在家庭教育中的风采与魅力,为我们今天如何做家长挖掘他山之"玉"。这里不乏"人生如寄,多忧何为""拒绝焦虑"的闲适与豁达,也时时可见"像一条河一样""与时代同行"的自砺与奋进。当然,在着力与不着力之外,还有许多精彩的人生状态与教育样态,等待人们去发现、去思考。

胡正伟

目录

第二篇

教育就像种子

第三篇

每个人身上都有太阳

— 第四篇 —

人间至味是清欢

第一篇

谁痛苦，谁改变

谁痛苦，谁改变。

——海灵格

这句话更清晰的表达是"谁痛苦，谁就会改变"。这是海灵格心理学的一个基本观点，意思是——只有当一个人真正感到痛苦，不再愿意继续以当前的方式生活时，他才会寻求改变。

这句话揭示了一个真谛：一个人改变的动力往往来自于痛苦。痛苦并不都是坏事，它可以是改变的催化剂，推动我们去改进生活，改变不良习惯，或者努力达到我们的目标。换句话说，痛苦可以激励我们寻找新的方法和策略，帮助我们成长和进步。

因为痛苦而改变的岂止是个人——个人的人生观、世界观、价值观乃至人生历程、个人成就，还可能是整个时代，在个人的巨大影响之下世界也会不同，同时个人对整个家庭的发展走向与教育引导也会产生深刻影响。

第一章

鲁迅 ▶ 记得当时年纪小

　　所以觉醒的人，此后应将这天性的爱，更加扩张，更加醇化；用无我的爱，自己牺牲于后起新人。开宗第一，便是理解。往昔的欧人对于孩子的误解，是以为成人的预备；中国人的误解，是以为缩小的成人。直到近来，经过许多学者的研究，才知道孩子的世界，与成人截然不同；倘不先行理解，一味蛮做，便大碍于孩子的发达。所以一切设施，都应该以孩子为本位，日本近来，觉悟的也很不少；对于儿童的设施，研究儿童的事业，都非常兴盛了。第二，便是指导。时势既有改变，生活也必须进化；所以后起的人物，一定尤异于前，决不能用同一模型，无理嵌定。长者须是指导者协商者，却不该是命令者。不但不该责幼者供奉自己；而且还须用全副精神，专为他们自己，养成他们有耐劳作的体力，纯洁高尚的道德，广博自由能容纳新潮流的精神，也就是能在世界新潮流中游泳，不被淹没的力量。第三，便是解放。子女是即我非我的人，但既已分立，也便是人类中的人。因为即我，所以更应该尽教育的义务，交给他们自立的能力；因为非我，所以也应同时解放，全部为他们自己所有，成一个独立的人。

这样，便是父母对于子女，应该健全的产生，尽力的教育，完全的解放。

——鲁迅《我们现在怎样做父亲》

平 生 辉 煌

谈及鲁迅及其文学创作，莫言说："我愿意用自己毕生的作品来换鲁迅先生一个短篇，如果能写出像《阿Q正传》那样优秀的小说，我宁愿所有的作品都不要了。"事实上，很多人在称许莫言的谦逊时，同样感慨着鲁迅先生的作品何止《阿Q正传》，成就又何止于文学创作。

清光绪七年(1881)，鲁迅出生在浙江绍兴府城内东厂房口，与他的家族一道，从千疮百孔的旧时代走向风雨飘摇的新世纪。鲁迅原名周樟寿，字豫才，后改名周树人，至于"鲁迅"则是他在1918年发表中国文学第一篇白话小说《狂人日记》

时使用的笔名。在数十年的创作生涯中，鲁迅留下了三部小说集《呐喊》《彷徨》《故事新编》、一部散文诗集《野草》、一部散文集《朝花夕拾》和《坟》等近二十部杂文集。毛泽东曾这样评价："鲁迅的方向，就是中华民族新文化的方向。"1936 年初秋，鲁迅在病中写道："街灯的光穿窗而入，屋子里显出微明，我大略一看，熟识的墙壁，壁端的棱线，熟识的书堆，堆边的未订的画集，外面的进行着的夜，无穷的远方，无数的人们，都和我有关。"作为中国现代文学的奠基人、20 世纪最为重要的作家，鲁迅以自己的创作对五四以后的中国文学产生深刻影响，同时他又是新文化运动的领导人、左翼文化运动的支持者，以其深邃的思想和革命的勇气，引领一代又一代人去刻镂雕塑不屈的民族灵魂。

位于上海山阴路 132 弄的一栋小楼是鲁迅在上海最后的寓所。目光聚焦于此，鲁迅的身份可以暂时从文学家、思想家、革命家的荣耀中告退，此时，他是儿子，是丈夫，是父亲，在热灼火烫的日常，弥漫温柔的爱意，一如芸芸众生。

人 间 岁 月

1926 年 11 月 10 日，在《莽原》半月刊第一卷第二十一期上，鲁迅发表了《父亲的病》，描述在旧新时代穿行的人子微妙而复杂的心态：

　　听说中国的孝子们,一到将要"罪孽深重祸延父母"的时候,就买几斤人参,煎汤灌下去,希望父母多喘几天气,即使半天也好。我的一位教医学的先生却教给我医生的职务道:可医的应该给他医治,不可医的应该给他死得没有痛苦。——但这先生自然是西医。

　　父亲的喘气颇长久,连我也听得很吃力,然而谁也不能帮助他。我有时竟至于电光一闪似的想道:"还是快一点喘完了罢……"立刻觉得这思想就不该,就是犯了罪;但同时又觉得这思想实在是正当的,我很爱我的父亲。便是现在,也还是这样想。

　　早晨,住在一门里的衍太太进来了。她是一个精通礼节的妇人,说我们不应该空等着。于是给他换衣服;又将纸锭和一种什么《高王经》烧成灰,用纸包了给他捏在拳头里……。

　　"叫呀,你父亲要断气了。快叫呀!"衍太太说。

　　"父亲! 父亲!"我就叫起来。

　　"大声! 他听不见。还不快叫?!"

　　"父亲!!! 父亲!!!"

　　他已经平静下去的脸,忽然紧张了,将眼微微一睁,仿佛有一些苦痛。

　　"叫呀! 快叫呀!"她催促说。

　　"父亲!!!"

"什么呢？……不要嚷。……不……。"他低低地说，又较急地喘着气，好一会，这才复了原状，平静下去了。

"父亲!!!"我还叫他，一直到他咽了气。

我现在还听到那时的自己的这声音，每听到时，就觉得这却是我对于父亲的最大的错处。

面对老人弥留之际的煎熬，子女不免希望老人早点解脱——然而，在旧时代这样的"希望"难免有违背伦理纲常之嫌。更深一层说，造成鲁迅如此这般复杂心态的根源在于旧式父子之间的隔膜。鲁迅父亲周伯宜是秀才出身的旧式文人，乡试难中，赋闲在家，猝然而至的家道变故，让他的性格变得更加深沉而忧郁。虽然周伯宜十分重视子女的教育，但这份重视对于年少的鲁迅来说只剩下严厉，早已没有乐趣可言。相伴而生的必然是亲情的疏离，疏离最终导致了鲁迅一方面期待父亲解脱病痛，一方面即刻觉得自己的期待有大逆不道之嫌。

1929 年 9 月 27 日，鲁迅与许广平的孩了周海婴出生了。相比于作为孩子的鲁迅与严厉而落寞的父亲周伯宜之间的疏离，周海婴从父亲鲁迅那里感受到了更多的人间温情：

父亲跟我讲的是带绍兴口音的话，他喊我"乖姑"，有点像广东话称呼孩子的方式。七十年前的上海夏天湿度非常大，那时又没空调，整天身上、背上都是湿漉漉的，每年一到夏天,我总要长一身痱子,又红又痒,又抓挠不得。晚饭以后,跑到二楼,躺在父亲床上,那时天色已暗,但为了凉爽并未开灯。

这时候父亲就准备一个小碗和海绵,把一种药水摇晃几下,用药水把海绵浸湿,轻轻涂在我胸上或背上,每搽一面,母亲用扇子扇干,因为有机会亲近父亲,可以不怕影响父亲写作而被"驱赶",我躺在父母中间,心里无比温暖。直到天色黑尽,父亲又要开始工作了,我才恋恋不舍地回到三楼自己的房间里睡觉。这是我记忆中最快乐的时光。

人生总是擦肩而过。属于这对父子共有的时光是短促的,只有七年;七年,虽然并不漫长,却足够温暖一个人的一生。时代有时代的需要,孩子却有不同的想法。茅盾说:"除了匕首、投枪,也还有发聋振聩的木铎,有悠然发人深思的静夜钟声。"鲁迅肩擎投枪、手握匕首的"斗士"形象,让人们习惯于仰望鲁迅的冷峻。如若不是周海婴的回忆,我们很多人根本不会知道,中年得子的鲁迅是一个怎样的弥漫轻柔与煦暖的"孩奴"。鲁迅的确在引领民族前进的方向,然而,更多的时候他是一位慈祥的父亲,并以一种近乎宠溺的关爱与陪伴,为幼年时期的周海婴提供了最美好的成长温床。

面对体弱多病的幼儿,鲁迅只要听到周海婴咳嗽一声,就会起身前往探视查看。在孩子的幼年,鲁迅愿意放下手中的纸笔陪伴孩子玩耍,在孩子睡前为他讲个小故事。当孩子使性子、闹脾气的时候,他会甜言蜜语,向孩子说尽好话。就算是在工作期间,周海婴偶有调皮捣蛋,鲁迅也不生气,反倒满脸宠溺地推开纸笔,停下来陪孩子玩耍。周海婴说:"有的家庭是严父慈母或是严母慈父,孩子依赖父亲或母亲更多一些,但我的家庭没有,就是一种非常温馨、平和的家庭氛围,不是看见父亲就远远地敬畏、蹑手蹑脚地,没有这种恐惧、害怕的感觉,记忆中他也只有一次假装用纸筒打我。"可惜的是这样温情脉脉的人间岁月对于父子二人都过于短促。

他山之"玉"

不客气地说,人类培育不了天才,也无法在下一代人身上复制自我。

父母倒是可以在亲子空间里貌似平常又真正超越庸常,就像鲁迅那样。

鲁迅倡导"儿童的发现",主张尊重天性、顺应自然。在1919年发表的《我们怎样做父亲》一文中,鲁迅说,譬如把儿童当作独立自在的人去理解;譬如以儿童为本位,指导孩子的身心;譬如给孩子发扬天性的机会等等,"养成孩子有耐劳作的体力,纯洁高尚的道德,广博自由能容纳新潮流的精神,也就是能在世界新潮流中游泳,不被淹没的力量"。孩子的声音需要倾听,孩子的意见需要尊重,在这种家庭教育观念之下,鲁迅与周海婴两代人之间的相处之道明显区别于周伯宜与鲁迅两代人,更具有平等的信任与宽容的亲切,而非上施于令、下悖于心。周海婴的名字是鲁迅取的,据说,鲁迅认为这是一个在上海出生的孩子,所以给他取名"海婴"。鲁迅还说,对这个名字,孩子长大了愿意用也可以,不愿意用再改再换都可以。作为父亲,鲁迅赋予孩子的不仅仅是一个名字,更是那个时代鲜见的让孩子去做自己、成为自己的自主与民主。

周海婴说:"我早已意识到,鲁迅是世界的,父亲是一个没有隐私的人,他的所有日记都一字未改地发表。作为鲁迅的儿子,我希望大家不仅研究他的思想、他的文学价值,更希望大家看到凡人鲁迅,生活中的鲁迅,那才是一个完整的鲁迅。"完整的鲁迅当然应当包含作为儿子、丈夫、父亲的所有面。在周海婴生命最初的七年里,我们正好看到了鲁迅作为父亲与众不同、超越时代的独特一面。

鲁迅虽然没有培育出天才,但用七年的付出成就了更完整的自我,同时滋养了周海婴自在、幸福的一生。

第二章

许地山 ▸ 苦中作乐

　　我们家的后园有半亩空地。母亲说："让它荒着怪可惜的，你们那么爱吃花生，就开辟出来种花生吧。"我们姐弟几个都很高兴，买种，翻地，播种，浇水，没过几个月，居然收获了。

　　母亲说："今晚我们过一个收获节，请你们的父亲也来尝尝我们的新花生，好不好？"母亲把花生做成了好几样食品，还吩咐就在后园的茅亭里过这个节。那晚的天色不大好，可是父亲也来了，实在很难得。

　　父亲说："你们爱吃花生么？"

　　我们争着回答："爱！"

　　"谁能把花生的好处说出来？"

　　姐姐说："花生的味道很美。"

　　哥哥说："花生可以榨油。"

　　我说："花生的价钱便宜，谁都可以买来吃，都喜欢吃。

这就是它的好处。"

父亲说:"花生的好处很多,有一样最可贵。它的果实埋在地里,不像桃子、石榴、苹果那样,把鲜红嫩绿的果实高高地挂在枝头上,使人一见就生爱慕之心。你们看它矮矮地长在地上,等到成熟了,也不能立刻分辨出来它有没有果实,必须挖起来才知道。"

我们都说是,母亲也点点头。

父亲接下去说:"所以你们要像花生,它虽然不好看,可是很有用。"

我说:"那么,人要做有用的人,不要做只讲体面,而对别人没有好处的人。"

父亲说:"对。这是我对你们的希望。"

我们谈到深夜才散。花生做的食品都吃完了,父亲的话却深深地印在我的心上。

——许地山《落花生》

平 生 辉 煌

清光绪二十年(1894),许地山出生在台湾南府城一个爱国志士的家庭。甲午中日战争后,随父许南英迁回福建龙溪,清贫度日。1920 年在燕京大学获得文学士学位后,许地山转入神学院研究宗教,于 1922 年获得神学士学位,留任学校助理,并在平民大学兼课。1923 年许地山留学美国哥伦比亚大学研究院哲学系,研究宗教史和宗教比较学,于 1924 年获得文学硕士学位后,转赴英国伦敦,入牛津大学研究院,研究宗教史、印度哲学、梵文及民俗学等。1926 年 10 月,许地山获得牛津文学学士学位后回国,途经印度,在罗奈城印度大学研习梵文及佛学。1927 年许地山回到北京,任燕京大学文学院助教。出生于台湾,生长于大陆,求学于美欧,任教于港岛的许地山,虽然生命短促,却在 20 世纪的文学群星中划下了属于自己的光芒。

在风云激荡的时局里,许地山形成了民族主义、平民主义和人道主义的基本思想,并投身反对封建礼教、争取民主自由的新文化运动。他狂热于革命,与好友瞿秋白、郑振铎等合力创办《新社会》旬刊,宣传社会革命和反帝反封建思想;又激动于文学,与沈雁冰、郑振铎、王统照、叶绍钧等发起成立文学研究会,并践行"文艺为人生"的宗旨,开始创作一些短篇小说。五四运动落潮后,知识分子队伍分化,许地山的重心落到了创作与研究领域。1921 年 1 月,许地山在《小说月报》第 12 卷第 1 期发表以反封建为主题的处女作《命命鸟》。许地山学贯中西,将老庄、孔孟思想与佛教、基督教的教义融汇,为创作打下了底色。用沈从文的话来说就是"他把基督教的爱欲,佛教的明慧,近代文明与古旧情绪,糅合在一起,毫不牵强地融成一片"。在许地山两部代表性的文学作品《空山灵雨》与《缀网劳蛛》中,这种东西文化的交融及其衍生出来的入世精神、出世情怀无处不在。在《空山灵雨·弁言》中,许地山写道:

> 生本不乐,能够使人觉得稍微安适的,只有躺在床上那几小时,但要在那短促的时间中希冀极乐,也是不可能的事。
>
> 自入世以来,屡遭变难,四方流离,未尝宽怀就枕。在睡不着时,将心中似忆似想的事,随感随记;在睡着时,偶得趁离过爱,引领我到回忆之乡,过那游离的日子,更不得不随醒随记。积时累日,成此小册。以其杂沓纷纭,毫无线索,故名《空山灵雨》。
>
> ——民国十一年一月二十五日落华生

生本不乐,所以要创造快乐。作为父亲的许地山做到了。

人间岁月

1939 年的夏天,张爱玲从上海去到香港,在港大开始了三年的学霸生涯。1935 年受燕京大学教务长司徒雷登排挤被燕大解聘的许地山,经胡适推荐,就任香港大学中文系教授及系主任。当时港大中文系课程深受经史子集旧学影响,许地山就任后,将课程分为文学、史学、哲学三系,使内容更加丰富,也更具时代气息。当时就读港大的张爱玲,势必听过许地山的课程或演讲,在特定的时局下,也许还被引发过强烈的共鸣。

在《茉莉香片》中,张爱玲写道:

> 言子夜进来了,走上了讲台。传庆仿佛觉得以前从来没有见过他一般。传庆这是第一次感觉到中国长袍的一种特殊的萧条的美。……那宽大的灰色绸袍,那松垂的衣褶,在言子夜身上,更加显出了身材的秀拔。传庆不由地幻想着:如果他是言子夜的孩子,他长得像言子夜么?十有八九是像的,因为他是男孩子,和丹朱不同。

张爱玲创作时习惯于站在文本的后面,对生命中的那些人、那些事缄默不语,却又不断地在文本中留下一些蛛丝马迹。在《茉莉香片》中,她塑造了留过学却又身着中国长袍、热爱中国文学的言子夜,以此来寄托心目中的理想父亲。至于言子夜,他的原型被认为是张爱玲在港大邂逅的教授许地山。由张爱玲笔下的言子夜去观照许地山,为许燕吉提供了许地山作为父亲的剪影。

时光倒回十年。1929 年 5 月 1 日,经过自由恋爱,许地山与周俟松在北京举行婚礼。1930 年,儿子周苓仲出生了。周俟松的母亲共生育了七个女儿,却没有男丁。周俟松跟许地山结婚的时候就提议将来要是生育子女，第一个孩子姓周，算是为周家延续香脉。于是周苓仲出生以后就随母亲的姓。1933 年女儿在北京出生，这次女儿随父姓许。因为在"燕京"出生，且希望她一生平安，取名"燕吉"。1941 年 8 月 4 日，许地山先生在香港寓所因心脏病突发而溘然去世，享年仅 48 岁。8 岁的许燕吉从此只能拥有关于父亲的一段段记忆。在回忆父亲时，许燕吉写道：

> 爸爸的一位台湾同乡柯政和先生是位音乐人，爸爸和他合作译过许多外国名歌，也写过许多歌词，有时候也自己谱曲。那时我家有百代公司的好些唱片，唱的都是爸爸的作品。我只跟唱片学会了一首《纪律》，歌词是："在上学以前，床铺要叠起，在讲堂内里，文具要整齐，所做不苟且，件件合条理，那就叫作有纪律。如果事事都能如此，将来服务才有效率，可爱同学们大家齐努力，一切行为守纪律。"爸爸的歌主要是给学生、孩子们写的。

> 夏初，在家里的顶棚上乘凉，也是我们和爸爸的快乐时光。他给我们讲故事，讲天文地理，古今中外，林林总总，随口道来。没准儿还是他现编的。他也教唐诗，我记得他教我认北斗星，就教我背"北斗七星高，哥舒夜带刀……"也不给细讲，自己领会去……我不记得爸爸对我们有正正经经地说教训话，大概都是通过这些故事、谈话，潜移默化地把他的思想、观念传递给了我们。等我人到中

年,有机会读父亲的作品,发现他阐述的人生哲理,我完全能接受,他笔下的人物和我的思想感情也能融通相契。

虽然天不遂人愿,许燕吉并没有像父亲期待的那般顺遂,但是由父亲陪伴的那些时光,让她学会创造快乐并寓教于乐,为许燕吉晦涩的人生留下了足够的光明与温暖。许燕吉曾说:"我生活在动荡的岁月,被时代的浪潮从高山卷入海底:国家干部变成了铁窗女囚,名家才女嫁给了白丁老农,其间的艰辛曲折、酸甜苦辣,称得上传奇故事。"这段传奇在 2014 年 1 月许燕吉去世时终止了。在父亲故去后、许燕吉去世前的 73 年生命岁月里,所有的人尽皆知或不为人知的苦楚,都被豁达的许燕吉举重若轻地扛了下来。

他 山 之 "玉"

在传世名篇《落花生》里,许地山说"人要做有用的人,不要做只讲体面,而对别人没有好处的人。"后来,许地山用"落华生"为笔名,寄托了其一生不衰的自我期许:也许不好看,但是很有用。

许燕吉与她的哥哥周苓仲身陷时代的漩涡,历尽艰辛与磨难,却在不同的工作岗位上做出了不凡的贡献。毕业于南京大学的周苓仲在 1958 年被下放到柳林滩种马场接受劳动改造,在马场一干就是 22 年。毕业于北京农业大学的许燕吉从时代的泥潭中爬出来之后,嫁到陕西,成了地地道道的农民,在陕西武功县畜牧站、江苏省农科院畜牧所奉献了自己的余生。

许燕吉经历了泰国华侨前夫吴富融凉薄的背弃,也经历了陕西农民丈夫魏振德温厚的关怀,最终微笑着接纳了这一切。时隔半个世纪的大学同学聚会上,许燕吉在吴富融带来的诗集上写下一首小诗:

> 五十流年似水,万千恩怨已灰。
> 萍聚何需多讳,鸟散音影无回。

2014 年 1 月 13 日,许燕吉走完了曲折的一生。哥哥周苓仲为妹妹写下挽联"曾经风高浪急历千苦,依然心平气和对全生。"正是许燕吉一生的写照。当然,这也是周苓仲一生的写照。在柳林滩种马场工作了 22 年之后,"牧马人"周苓仲被调到陕西省家畜改良站,并当选陕西省人大代表、陕西省政协常委、台盟陕西省副主委。多年后,周苓仲重返马场故地,与故旧重逢,提及那个在动乱里差点打死他的人,当被告知人还在马场,是否要见上一面的时候,周苓仲说,"代我向他问好,我不见他了"。

悲欣交集。在不同年代的苦难里,凭借着豁达与付出的家风,许地山与他的儿女们接续为人生与生活创造了本不属于那个年代的价值与快乐。

第三章

王统照 ▶ 外圆内方

> 早起到陂塘，归来每夕阳。
>
> 得鱼不自饱，辛苦为谁忙？
>
> ——戴熙

人为欲望而生活，下一句转语即从重重网罗中力求满足的实现。满足么？这恰像"一天秋意无人领……"的诗句，不是没有人愿领；只是萧索寥冥，如同宿云微阳中的凝烟，收拢不来，把捉不到。

耶稣在十字架上并不曾忏悔前非，拿破仑在荒岛之中也不曾戢其雄心，李太白宁醉后捉月死于江心而始终不能戒酒，罗兰夫人敢上断头台究竟不能禁得住她的灵魂尚要求自由。为满足而存在，为填平不满足的坎而奋进，死灭而不悔，……因为他们已找到满足的足印了，而且亦曾踏过。

为个体么？还是为宇宙？——太狭小了，又太广大了，为月忧灵，为书忧蠹，为花忧风雨，……多事，但为求自我的生,及一切个个的自我的生之奋进,联合,不能够不多事;你纵使心头上如雪融过的澄澈,如镜照过的清明,但满足的具有诱惑的魔口,是露出牙齿喷发出灼热的气,向你要求食物的,——固然"多少是好"。

山不可移而世间竟会有愚公,水不可断而竟有切水的利刃,莫说不可,它已在你身后大笑。因为它正如浪漫文学中所述的飞仙似的,如果你不驾着有色彩的云雾驱逐着它前行,它自会有且在山腰眠上一晌的本领。……过了这一时你再遇到它,它必要拿出冷冷的面孔对你,使你不欢迎的话儿来打讪你,你不能同它去游历所谓大山名川,放浪于一切之外,而你那内在的魔鬼,就要啮碎你骨骸了。

……今年夏日,振铎给了我一封信,内中有两句话:"生活本来没有意味,只是喝白开水,唯由工作中可以找到意味。"这是我们几年来共同而且坚持的主张,任人家批评我们看不开,任人家说我们是不自达,——也正自管不了许多。

——王统照《古寺后的梦谈》

平生辉煌

清光绪二十三年(1897),王统照出生在山东诸城相州。

父亲王秉慈学识渊博,能诗擅文,母亲亦通翰墨丹青。1904
年,在王统照 7 岁时,父亲故去,留下母亲独自支撑着日渐衰
微的家庭,艰难地抚育着儿女。

1913 年,私塾出身的王统照考入山东省立一中,又于
1918 年考入北京中国大学英国文学系。在五四运动中,王统
照参加了火烧赵家楼、痛打卖国贼的斗争。虽然因为摔倒无
功而返,但是在经历了新文化运动后,王统照就此扎扎实实地
踏出了一条花开遍地的革命文学之路。1921 年,王统照作为
骨干,与周作人、沈雁冰、郑振铎、瞿世英、蒋百里、叶绍钧、朱
希祖、耿济之、郭绍虞、孙伏园、许地山 12 人,在北京共同发起
成立中国第一个新文学团体——文学研究会,打出了新文学
的现实主义旗帜,影响深远。在 1920 年的一次晤谈后,王统
照与鲁迅先生开始了频繁的交往,结下了深厚的友谊。1924
年,王统照留校任中国大学教授兼出版部主任,先后主编《中
国大学学报》《曙光》《晨光》《文学旬刊》等刊物。在北京生活
的日子里,王统照不断创作发表作品,出版了长篇小说《一叶》
《黄昏》,短篇小说集《春雨之夜》《号声》,剧本《死后之胜利》,
诗集《童心》,还与朱自清、叶绍钧合著并出版了诗集《雪朝》。
诗人臧克家曾经回忆道:“我第一次见到剑三(按,王统照字剑
三),是 1924 年。印度诗人泰戈尔到了济南,在‘鸟笼子’里讲
演,剑三任翻译,少年英俊,叫我不胜钦佩和羡慕。”

1926 年,王统照因母亲久病不愈从北京回到山东。母亲
病逝后,王统照举家迁居青岛,先后在青岛铁路中学、市立中

学任教。1933年,他的代表作、新文化运动中的著名小说之一《山雨》在上海开明书店付梓。《山雨》深刻揭露了北方农村在饱受军阀横征暴敛、兵匪劫掠蹂躏、土豪剥削压迫下民不聊生的社会惨状和在日本帝国主义疯狂侵略下朝不保夕的民族危机,受到广大读者欢迎和评论家好评。恰在同一年,茅盾发表了自己的代表作《子夜》。于是,吴伯箫在评论《山雨》时说:"我把《山雨》跟《子夜》并论,一写中国农村的破产,一写城市民族资产阶级的败落,我称1933年为'子夜山雨'季。"至于《子夜》的作者茅盾,则化名东方未明撰写书评,指出《山雨》"在目前的文坛上是应当引人注意的著作"。由于《山雨》反映的现实问题太过尖锐,国民党中央宣传委员会称其"颇含阶级斗争意识……予以警告,勒令禁止发行"。受到威胁的王统照被迫前往欧洲躲避迫害。

1935年,从欧洲回到青岛后不久,王统照抵达上海,先后加入了文艺界救国会、中国文艺家协会,并与鲁迅、茅盾、郭沫若、巴金等签署了《文艺界同仁为团结御侮与言论自由宣言》。抗日战争爆发后,王统照与许广平、郑振铎、唐弢等人在上海继续从事文学活动。

抗战结束,王统照从上海返回青岛,任《民言报》《艺文》副刊主编,1946年8月任山东大学中文系教授、系主任,但是因公开支持学生反饥饿、反内战、反迫害斗争而于次年被解职。1949年7月赴北平参加中华全国文艺工作者代表大会,受到毛泽东、周恩来等中央领导人的接见,当选为全国文联委员和文协理事,并再次受聘担任山东大学教授兼文学系主任。

人 间 岁 月

　　作为中国新文学运动的奠基者之一,王统照在 20 世纪上半叶的史册上书写了光辉的生命历程。从五四时期开始在北京参加反帝反封建的斗争,到 20 世纪 30 年代回到山东用文学创作揭露社会现实,王统照呈现出了一位进步知识分子应有的良知与作为。抗日战争全面爆发后,他参加上海文化界抗日救国团,利用演讲和写作,号召各阶层人民参加抗战,成为呼吁保卫中华、抗击侵略者的文化战士。1941 年,太平洋战争爆发。当日军冲进上海租界后,王统照为学生上了最后一课,要求学生"要有志气,要有冲破黑暗的精神",从此化名王恂如,蛰居闭门。一直到中华人民共和国成立前夕,王统照又积极声援"反饥饿,反内战"的学生运动。在并不漫长的生命的每一个阶段,王统照从不向任何反动势力低头,表现出了积极追求进步的立场与姿态。

　　郑振铎在《忆王统照先生》一文中写道:"表面看起来,王统照先生是随和得很的人,但他是有'所不为'的! 他是内方外圆的,其实对不正义之事,他从来不肯应付,或敷衍一下。他疾恶如仇。他从来没有向任何罪恶势力低过头。他在山东大学做教授的时候,乃是一盏明灯,照耀着学生们向光明大路走去。他是'有所为'的！……在山大教书的时候,他的这种认真负责的态度和精神,得到了大学生们的爱戴。他对学生是那样的喜爱,又是那样的引导着,恨不得把全身的本领,或他所知道的一切,都全部教给他们。当然最重要的还在于:教导他们如何明辨是非,分清敌我,走上革命的道路。"1950 年 1月 1 日,王统照创作了《新年》一诗抒发畅快的心情:

> 这新年不同往年节
>
> 咱们这东方旧邦变成了崭新的民主国
>
> 领导者指引的方向准没错
>
> 在前面红霞一片正闪烁
>
> 大家的信心更坚定明确
>
> 来──来──来
>
> 是已经直起腰来的中国人谁也不愿放这头一个"新年"空空过

朋友甚多,鲜有反目,是王统照在社会交往中的一大特点。无论是鲁迅、茅盾,还是郑振铎、老舍,都与王统照结下了深厚的情谊。

至于同为山东诸城人的诗人臧克家,则一直视王统照为师长。臧克家和王统照的交往要追溯到 1924 年。当年,印度诗人泰戈尔在济南演讲,由王统照担任记录、编辑和翻译,并作嘉宾介绍。王统照少年英俊、风度翩翩,让臧克家不胜钦佩和羡慕。当王统照回到山东的时候，臧克家逐渐成为王统照家中的熟客。臧克家曾回忆当年在王统照家中做客的情形："我一到，老工友上楼通报一声，一会儿看到主人扶着陡直的栏杆，滑梯似的飞跃而下。楼很小，又高高踞上，真可称为危楼了。剑三瘦削，体弱，很健谈，兴致来时，拘谨不见了，高谈阔论，又说又笑，诗人情态，芒角毕露。有时谈得近乎进餐的时分了，便留我吃家乡风味的便饭：煎饼、小豆腐，极简单，但极可口。"

1957 年，王统照逝世。臧克家在为《王统照先生怀思录》一书所作序言末尾说道："王统照先生是我的乡亲，是我文学创作的领路人、提携者。每每回想起种种往事，心里便十分激动，哀思难禁。"

他 山 之 "玉"

古人云，文人相轻，自古而然。然而，王统照一生待人诚恳坦率，交友甚多，在跌宕的世事与纷纭的人事中，王统照却凭借有坚守而又不拘泥、可随性而不突破原则的做派为子女做出了榜样。

王济成在《忆父亲王统照为文学的一生》中写道："父亲在自己的文学生涯中，不仅从事创作，丰富了新文学园地，而且和许多老一辈作家一样，也是培育文学青年的园丁、良师和挚友。在他编辑众多的文艺刊物时,在他和广大文学青年接触中,对那些刚破土的新秀,总是非常敏感地热心关怀和扶持。像臧克家、端木蕻良、王西彦、李健吾等,这些文坛上很有声望的作家,当年都是他眼中的'珍珠'。"对于臧克家的第一本诗集《烙印》来说,王统照既是鉴定者、资助者,也是出版人。所以,臧克家曾深情说道:"没有剑三,就不大可能有这本小书问世。"但是,王统照爱才,却并不盲目,对臧克家有的诗,他认为不宜发表,就写信说明不发表的理由,让年轻的诗人不但不感到失望,反而觉得从中得教益,衷心感谢。

宁为藕花,不作浮萍。外圆内方的王统照,为满足而存在,为填平不满足的坎儿而奋进,死灭而不悔。这是一种有智慧的坚守。

第四章

梁实秋 ▶ 人生如寄，多忧何为

兰姆是终身未娶的，他没有孩子，所以他有一篇《未婚者的怨言》收在他的《伊利亚随笔》里。他说孩子没有什么希奇，等于阴沟里的老鼠一样，到处都有，所以有孩子的人不必在他面前炫耀。他的话无论是怎样中肯，但在骨子里有一点酸——葡萄酸。

……

哈代有一首小诗，写孩子初生，大家誉为珍珠宝贝，稍长都夸做玉树临风，长成则为非做歹，终至于陈尸绞架。这老头子未免过于悲观。但是"幼有神童之誉，少怀大志。长而无闻，终乃与草木同朽"——这确是个可以普遍应用的公式，"小时聪明，大时未必了"，究竟是知言，然而为父母者多属乐观。孩子才能骑木马，父母便幻想他将来指挥十万貔貅时之马上雄姿；孩子才把一曲抗战小歌哼得上口，父母便幻想着他将来喉声一啭彩声雷动时的光景,孩子偶然拨动算盘,父母便暗中揣想他将来或能掌握财政大权,同时兼营投买卖……这种乐观往往形诸言语,成为炫耀,使旁观者有说不出的感想。曾见一幅漫画:一个孩子跪在他父亲的膝头用他的玩具敲打他父亲的头,父亲眯着眼在笑,那表情像是在宣告"看看! 我的孩子! 多么活泼——多么可爱!"旁边坐着一位客人裂着大嘴做傻笑状,表示他在看着,而且感觉兴趣。这幅画的标题是"演剧术"。一个客人看着别人家的孩子而能表示感觉兴趣,这真确实需要良好的"演剧术"。兰姆显然是不欢喜这样的戏。

孩子中之比较最蠢,最懒,最刁,最泼,最丑,最弱,最不讨人欢喜的,往往最得父母的钟爱。此事似颇费解,其实我们应该记得《西游记》中唐僧为什么偏偏欢喜猪八戒。

谚云:"树大自直",意思是说孩子不需管教,小时恣肆些,大了自然会好。可是弯曲的小树,长大是否会直呢? 我不敢说。

——梁实秋《孩子》

平 生 辉 煌

清光绪二十九年(1903),梁实秋出生在位于北平内务部街 20 号一个充满书香气息的旧式官僚家庭，祖父梁绩三为他起名治华，字实秋。父亲梁咸熙从小对他就严格要求。1915 年，梁实秋以第一名的成绩考入清华学校，在该校高等科求学期间，梁实秋开始写作，并于 1920 年 9 月在《清华周刊》增刊第 6 期上发表了第一篇翻译小说《药商的妻》，于 1921 年 5 月 28 日在《晨报》第 7 版发表了第一篇散文诗《荷水池畔》。

　　1923 年，从清华学校毕业后，梁实秋赴美国科罗拉多学院英文系留学。次年，进入哈佛大学研究所，并在此接受了欧文·白璧德(1865—1933)的人文主义思想，以此作为一生为人作学的基本态度。1925 年，梁实秋从哈佛大学转入哥伦比亚大学英语研究所。1926 年，自美国回国后，梁实秋先后在国立东南大学(1928 年更名为国立中央大学，1949 年更名为南京大学)、暨南大学讲授美国文学史、文艺批评等课程。1930 年，南京政府教育部决定改国立青岛大学为国立山东大学，并正式任命杨振声为国立山东大学校长。杨振声邀请闻一多、老舍、游国恩、沈从文、吴伯箫、萧涤非、丁西林、童第周、王统照等大批知名学者前往任教。梁实秋也接受邀请担任外文系主任兼图书馆长。1934 年，梁实秋应胡适之邀，前往北京，出任北京大学外文系研究所教授兼外文系主任。

　　在此期间，梁实秋于 1927 年春同胡适、徐志摩、闻一多等人创办新月书店，编辑出版了"现代文化丛书"及《诗刊》等书籍，并于次年创办《新月》月刊；于 1935 年秋创办《自由评论》，主编《世界日报》副刊《学文》和《北平晨报》副刊《文艺》。在对新文学,尤其是"左"的机械论与庸俗社会学进行严厉批评时,基于人性论,注重理性、标准与节制,强调以所谓"文学的纪律"来抑制浪漫的态度,成为中国现代文学史上一位特点鲜明的批评家。同样是在这一段岁月里,梁实秋与鲁迅的论战硝烟弥漫。在 1927 年以后长达 8 年的论战里,二人共发表了 100 多篇 40 多万言的文字,内容广泛涉及翻译、文学、批评、教育、政论等诸多方面。二人"一个似匕首、投枪奋勇向前,一个则如丈八长矛、大摆天门阵",其战辞之激烈,战文之繁密,堪称 20 世纪 30 年代一大景观。

特别值得一提的是,受到时任中华教育文化基金董事会翻译委员会负责人胡适的邀请,梁实秋于 1930 年开始了翻译莎士比亚全集的工作。从此,梁实秋的个人命运和莎士比亚的名字联系在了一起,其文学实践中壮丽辉煌的诗篇开始了。梁实秋没有辜负胡适的期望,以让人难以置信的毅力年复一年地工作着。一直到 60 年代末,在历经了近四十年的努力之后,梁实秋以一己之力完成了包含 37 册剧本、3 册诗集在内的《莎士比亚全集》的翻译工作。

抗战开始后,梁实秋在重庆主持《中央日报》《副刊平明》,兼任国民参政会参政员、国民政府教育部小学教科书组主任、国立编译馆翻译委员会主任委员等职务。1946 年,梁实秋回到北平,在北平师范大学英文系任教。1949 年 6 月,梁实秋赴台,在台湾省立师范学院英文系任教。同年 11 月,梁实秋出版了自己的代表作——风靡寰宇的散文集《雅舍小品》。梁实秋是文学评论家,更是生活美学家,他的作品虽然满纸都是生活的寻常,男人的自私、女人的善变、孩子的怠懒,还有写作"小品"时的作者作为中年人的通透……又处处弥漫优雅的情趣,让读者在一片琐碎中感受到生活的智慧和人生的魅力,于云淡风轻后嫣然一笑。

人 间 岁 月

1923 年 7 月,梁实秋在《创造》周报上发表了《〈繁星〉与〈春水〉》一文,认为诗必须是情感充沛的洋溢青春的浪漫,而冰心的诗作过于清冷。梁实秋告诉读者:"冰心女士是一个散文作家、小说作家,不适宜于诗。"一个月后,包括冰心、吴文藻、林徽因、梁思成和许地山在内的一百多名留学生从上海出发赴美留学。轮船上,还有年轻的高材生梁实秋。经同学吴文藻介绍,冰心与梁实秋认识了。梁实秋问冰心:"您到美国修习什么专业?"冰心回道:"文学。您呢?"梁实秋答道:"文学批评。"谈话就此打住,场面一片冰冰凉。不过,时光赋予了二人更多接触的机会,而梁实秋的随性与开朗也驱散了彼此最初的芥蒂,他们最终缔结了深厚的情谊。

1941 年 1 月 5 日,大家聚在梁实秋位于北碚的"雅舍",为他庆生。席间,梁实秋请冰心在他的一本簿册上题字,冰心挥

笔写道:

> 一个人应当像一朵花,不论男人或女人。花有色、香、味,人有才、情、趣,三者缺一,便不能做人家的一个好朋友。我的朋友之中,男人中只有实秋最像一朵花。虽然是一朵鸡冠花。培植尚未成功,实秋仍需努力!

鸡冠花是花中最不起眼的品类,冰心所题似是赞语,隐约又不是。不过,对于梁实秋而言,是梅是莲,是牡丹是芍药,是鸡冠花是狗尾巴草,都不重要,重要的是在忽忽如寄的人生中独自绽放,然后在文学中借宇宙自然人生之种种现象来表示出普遍固定之人性。无论是文学批评,还是文学创作,对于梁实秋来说也许只是一种安放心灵、抒写人性的本能与爱好。无论是作者,还是读者,都能在感知到自己的存在后,给自己一个暂时从当下抽身进而冷峻地认知自我,然后再清醒地应对社会的缓冲机会。经过这样的缓冲,人们先与自我和解,抚平愁苦与伤痛,转而去慰藉周遭。于是,无论是面对程季淑还是韩菁清,在情感的世界里,梁实秋都能自由地舒展自己的心性,率真而不逾矩。

梁实秋一生婚姻美满。与程秀淑的结合,虽起于媒妁之言,却经历了两情缱绻的自由恋爱。1927 年 2 月 11 日,梁实秋学成归国,与名门闺秀程季淑在北京举行了婚礼,约定相伴一生,共育有二女一子,长女梁文茜、长子梁文骐、小女梁文蔷。程秀淑不幸离世后，梁实秋与韩菁清结合，虽是相差近三十年的忘年恋，二人却终究相互搀扶着慰藉了余生寂寥。1975 年 5 月 9 日，梁实秋自任司仪，自读婚书，与韩菁清走进婚姻。

他 山 之 "玉"

梁实秋说："'雅舍'非我所有，我仅是房客之一。但思'天地者万物之逆旅'，人生本来如寄，我住'雅舍'一日，'雅舍'即一日为我所有。即使此一日亦不能算是我有，至少此一日'雅舍'所能给予之苦辣酸甜，我实躬受亲尝。刘克庄词：'客里似家家似寄。'我此时此刻卜居'雅舍'，'雅舍'即似我家。其实似家似寄，我亦分辨不清。"

许多风华停留在历史的缝隙。当被问及梁实秋有什么嗜好，梁文茜说："好吃。我们家好吃有传统。爷爷是有名的美食家，自号饱蠹楼主。父亲好吃有胖于祖父，他当年曾是北京厚德福饭庄的股东之一。他的一百多篇谈吃的散文，都是'吃'出来的，像他写的那篇《铁烙蛋》就是当年厚德福饭庄的招牌菜。"

当年，生活并非如此轻盈。梁文蔷有这样一段记忆：1981年夏，我第一次回大陆探亲，回到了儿时居住的庭院，却已是物是人非。临行前，大姐文茜折了一小枝枣树叶，上面还有一个小青枣,让我带回台湾,送给父亲。这棵枣树是我们在北京时老枣树的后代,老树早已被砍去。我小心翼翼地把枣叶包好,回到台湾后,把在大陆的见闻一五一十地向父亲汇报,其中包括姐姐文茜、哥哥文骐 33 年的经历,讲到激动处,与父亲相对而泣。那个枣和树叶后来都枯萎了,父亲把叶子留下来,放在书里,珍存着。

离合悲欢,苦乐酸甜,在今天一览无遗。半生与父亲离散的梁家长女仍能甜蜜地回味"铁烙蛋",许是在性情上延续着父亲的精神特质:人生如寄,多忧何为。

第二篇

教育就像种子

教育就像种子，耐心培育才能开花结果。

——科菲·安南

　　"教育就像种子"是指教育的重要性和影响力。科菲·安南认为，教育不仅仅是传授知识和技能，而且是培养人类发展所需的种种品质和价值观的过程。就像种子能够扎根、生长、开花、结果，教育通过给予人们知识和启示，可以让人们实现自身的潜力，并为社会做出积极的贡献。

　　这句话用在展现一些名人名家的家庭教育中尤为恰切。

　　在家庭中，教育具有全面性和综合性，教育不仅仅是传递知识，更是为个人的成长和社会的进步提供必要的条件和支持。通过培养知识、思维方式、技能以及个人品格和价值观，教育为个人和社会的发展播下一颗颗强大的种子。

第一章

叶圣陶 ▶ 希望他们胜似我

　　做父亲的真欲帮助儿女仅有一途,就是诱导他们,让他们锻炼这种心思能力。若去请教专门的教育者,当然,他将说出许多微妙的理论,但是要义大致也不外乎此。

　　可是,怎样诱导呢? 我就茫然了。虽然知道应该往哪一方向走,但是没有往前走的实力,只得站在这里,搓着空空的一双手,与不曾知道方向的并无两样。我很明白,对儿女最抱歉的就是这一点,将来送不送他们进大学倒没有多大关系。因为适宜的诱导是在他们生命的机械里加添燃料,而送进大学仅是给他们文凭、地位,以便剥削他人而已。

　　他们应付环境不得其当甚至应付不了的时候,一定会怅然自失,心里想,如果父亲早给点儿帮助,或许不至于这样无所措吧。这种归咎,我不想躲避,也没法躲避。

　　对于儿女也有我的希望。

一句话而已,希望他们胜似我。

所谓人间所谓社会虽然很广漠,总直觉地希望它有进步。而人是构成人间社会的。如果后代无异前代,那就是站在老地方没有前进,徒然送去了一代的时光,已属不妙。或者更甚一点,竟然"一代不如一代",试问人间社会经得起几回这样的七折八扣呢?凭这么想,我希望儿女必须胜似我。

爬上西湖葛岭那样的山就会气喘,提十斤左右重的东西走一两里路胳膊就会酸好几天,我这种身体是完全不行的。我希望他们有强壮的身体。

人家问一句话一时会答不上来,事务当前会十分茫然,不知怎样处置或判断,我这种心灵是完全不行的。我希望他们有明澈的心灵。

——叶圣陶《做了父亲》

平 生 辉 煌

清光绪二十年(1894),叶圣陶出生在江苏苏州吴县的一户普通人家。叶圣陶的父亲叶钟济给大户人家做账房先生。生活并不阔绰的叶钟济在叶圣陶 6 岁的时候将他送进同里陆家私塾附读,学习《三字经》《千字文》。1901 年春天,叶圣陶转到张承胪先生在悬桥巷开设的私塾读书,与后来以疑古辨伪擅名于学术界、创建了"古史辨学派"的历史学家顾颉刚同桌。1905 年,叶圣陶刚到 11 岁,父亲就让他去考秀才。在顺利地通过了县试和府试后,叶圣陶在贡院参加道试的过程中落榜了。也就在这一年,清政府发布上谕,"立停科举以广学校"。自 1906 年起,各级科考一律停止。叶圣陶就这样成为我国最后一次科举考试的小考生。

科举既废,学校勃兴。在长元吴公立高等小学堂学习一年之后,叶圣陶凭借优异的成绩于 1907 年春越二级考入新创办的苏州公立第一中学堂,即草桥中学。从 1907 年到 1912 年,叶圣陶在草桥中学学习的五年正是维新运动向民族革命过渡的时期。在澎湃激荡的革命浪潮中,叶圣陶既接触了现代科学知识,又经历了辛亥革命的洗礼,不断升华的爱国主义思想让年轻学子把家国兴衰与人生道路的选择关联起来。从草桥中学毕业后,在 1912 年到 1921 年的十年里,他先后在苏州言子庙小学、上海尚公学校、甪直镇吴县第五高等小学执教。

多年的小学执教经历,让叶圣陶对"儿童问题"以及"童话"有深切的感悟。他在《文艺谈》中明确提出儿童文学写作要顺应儿童的天性和本能。自 1921 年起,叶圣陶陆续创作了《傻子》《燕子》《一粒种子》《地球》《芳儿的梦》等童话,并于 1923 年将 23 篇童话结集为《稻草人》,交由上海商务印书馆出版。《稻草人》是中国儿童文学史上的第一本童话集,叶圣陶以自己的创作实绩开辟了中国童话的创作之路。

叶圣陶创作的童话不仅是美丽的,也是现实的,融化了成人的悲哀。作品中大量富有童趣的描写,把小读者们引向一个充满新奇和神秘的虚构世界。而就在这个看上去很甜美的世界背后,细心的读者又分明可以看见种种残酷的现实与悲哀的人生。于是,叶圣陶在开始童话创作的同一年,与郑振铎、许地山、周作人、孙伏园、郭绍虞、茅盾、王统照等人发起成立"文学研究会",举起"为人生"的现实主义文学旗帜,就不难理解了。

1923 年,叶圣陶进入商务印书馆从事编辑出版工作,发表了长篇小说《倪焕之》。时任商务印书馆《教育杂志》编辑的李石岑、周予同,拟于《教育文艺》一栏中连载与教育有关的小说。有着丰富执教经历且多在创作中反映教育状况的叶圣陶受邀从 1928 年 1 月 20 日《教育杂志》第二十卷第一号起在《教育文艺》栏内连载《倪焕之》。一年后,叶圣陶的长篇小说代表作《倪焕之》问世。《倪焕之》的素材大部分取自叶圣陶早年从事教育工作的社会经历与情感体验,比较真实地描写了从辛亥革命到第一次国内革命战争时期,一部分小资产阶级知识分子的生活历程和精神面貌,形象地反映了"五四""五卅"爱国运动给予当时的知识青年的巨大影响。

1930 年,叶圣陶任开明书店编辑,九一八事变后,参加发起成立"文艺界反帝抗日大联盟",同年,转入开明书店,主办

《中学生》杂志。抗战期间，他前往四川继续主持开明书店编辑工作，并于 1939 年任中华全国文艺界抗敌协会理事。抗战结束后，叶圣陶于 1946 年回到上海，担任中华全国文艺界协会总务部主任及上海市小学教师联合进修会和中学教育研究会的顾问。

1949 年后，叶圣陶曾任教育部副部长，人民教育出版社社长和总编辑，中华全国文学艺术界联合委员会委员，中国作家协会顾问，中央文史研究馆馆长，第六届全国政协副主席，第五届全国人民代表大会常务委员会委员，中国民主促进会中央副主席、主席。

人 间 岁 月

叶圣陶名绍钧。1906 年，12 岁的叶绍钧考进长元吴公立高等小学堂之后，请求先生章伯寅为自己取一个立志于爱国强国的字。章先生说："绍钧是你的名，有诗言'秉国之钧'，字就叫'秉臣'好了。"1911 年，苏州在辛亥革命中光复，叶绍钧再次找到章伯寅先生说："清廷已覆没，皇帝被打倒了，我不能再作臣了，请先生改一个字。"先生笑了笑说："你名绍钧，有诗言'圣人陶钧万物'，就改为'圣陶'吧。"叶圣陶不仅是作家、出版家、社会活动家，还是著名的教育家。

在教育自己的子女方面，叶圣陶首先从给孩子取名字开

始。就像当年章伯寅为自己取字寄予深意一样,叶圣陶为自
己的孩子取的名字也融进了父亲的爱与期待。1916 年,20 岁
的叶圣陶与 21 岁的胡墨林在苏州经人介绍后结为夫妻。婚
后,伉俪情深,夫妻二人育有两儿一女三个孩子。1918 年,大
儿子出生后,叶圣陶为他取名叶至善。1922 年,女儿出生,叶
圣陶为她取名叶至美。1926 年,小儿子出生,叶圣陶为他取
名叶至诚。“善”“美”“诚(真)”可以说是叶圣陶一生的追求,
而他将这些追求赋予三个孩子为名,正说明他对孩子的人生
充满期待。真正的教育,是让孩子看得清脚下的路,并拥有抵
达远方的能力。所以,叶圣陶对于孩子的教育与成长非常
用心:

　　说到职业,现在干的是笔墨的事,要说那干系之大,
当然可以戴上文化或教育的高帽子,于是仿佛觉得并非
无聊,但是能够像工人农人一样,拿出一件供人家切实应
用的东西来吗? 没有! 自家却使用了人家生产的切实应
用的东西,岂非也成了可羞的剥削阶级? 文化或教育的
高帽子只能掩饰丑脸,聊自解嘲而已,别无意义。

　　这样想时,更菲薄自己,达于极点。我希望他们与我
不一样:至少要能够站在人前宣告道:“凭我们的劳力,产
生了切实应用的东西,这里就是!”其时手里拿的是布匹
米麦之类;即使他们中间有一个成为玄学家,也希望他同
时铸成一些齿轮或螺丝钉。

　　所谓父母之爱子,则为之计深远。叶圣陶希望子女能够凭借自己的双手在社会上立足,成为有益于社会的人才。在浓郁的文化氛围中,父子四人经常围桌而坐,潜心阅读典籍,共同修改文章。叶圣陶奉行教为不教的观念与实践,通过循循善诱的语言和润物无声的行为,逐渐把孩子们依赖性的受教育转变为主动性的自我教育。在叶至善、叶至美、叶至诚三人十来岁时,父亲叶圣陶将他们的文章审阅一遍,剔除若干篇,整合后题名《花萼集》。父亲长期尊重个性、因材施教的写作指导让孩子们打下了扎实的文字功底。事实上,三个子女都没有辜负父亲的期望:叶至善曾任中国青年出版社首任社长兼总编辑,主持编辑《旅行家》和《我们爱科学》杂志;叶至美在中国国际广播电台英语组做通联工作;叶至诚曾任《雨花》编辑部副主编、主编。叶圣陶养孙、叶至诚养子叶兆言,自 20 世纪 80 年代迈入文坛,创作颇丰,有中篇小说集《夜泊秦淮》、长篇小说《通往父亲之路》、散文集《南京人》《朵花生树》等。

他 山 之 "玉"

　　叶至诚曾经"吐槽"父亲在关乎自己个人的事情比如使用筷子上疏于管理,转而又饱含深情地回忆了父亲在与人相处的行为规范上的反复教导：

> 父亲也有管着我的事，譬如让我递给他一支笔，我随
> 手递过去，不想把笔头交在了父亲手里，父亲就跟我说：
> "递一样东西给人家，要想着人家接到了手方便不方便，
> 一支笔，是不是脱下笔帽就能写；你把笔头递过去，人家
> 还要把它倒转来，倘若没有笔帽，还要弄人家一手墨水。
> 刀子剪刀这一些更是这样，决不可以拿刀口刀尖对着人
> 家；把人家的手戳破了呢？"直到如今，我递任何东西给别
> 人，总是把捏手的一边交给对方，报纸书本也让人家接到
> 手就能看。

在子女的教育上，叶圣陶真可谓做到了抓大放小：对于那
些只关系孩子个人的事情，像如何使用筷子，尽可能民主，给
孩子最大的自主权；对涉及孩子和他人之间的关系的事，则循
循善诱、语重心长地让孩子懂得要时时处处替他人着想，不要
妨害他人。诗人臧克家回忆叶圣陶时说："温、良、恭、俭、让这
五个大字是做人的一种美德，我觉得叶老先生身上兼而
有之。"

"文当然要作的，但是要紧的在乎做人。"写下这句话的时
候，叶圣陶坚信唯有至善、至美、至诚，方能陶钧万物。

第二章

张恨水 ▶ 甜蜜的负担

　　北平是以人为的建筑，与悠久时间的习尚，成了一个令人留恋的都市。所以居北平越久的人，越不忍离开，更进一步言之，你所住久的那一所住宅，一条胡同，你非有更好的，或出于万不得已，你也不会离开。那为什么？就为着家里的一草一木，胡同里一家油盐杂货店，或一个按时走过门口的叫卖小贩，都和你的生活打成了一片。

　　我在北平住的三处房子，第一期，未英胡同三十六号，以旷达胜。前后五个大院子，最大的后院可以踢足球。中院是我的书房，三间小小的北屋子，像一只大船，面临着一个长五丈、宽三丈的院落，院里并无其他庭树，只有一棵二百岁高龄的老槐，绿树成荫时，把我的邻居都罩在下面。

　　……住家，我实在爱北平。让我回忆第一期吧。这日子，老槐已落尽了叶子，权枒的树杆布满了长枯枝，石榴花金鱼缸以及大小盆景,都避寒入了房子,四周的白粉短墙,和地面刚铺的新砖地,一片白色,北方的雪,下了第一场雪,二更以后,大半边月亮,像眼镜一样高悬碧空。风是没有起了,雪地也没有讨厌的灰尘,整个院落是清寒,空洞,干净,洁白。最好还是那大树的影子,淡淡的,轻轻的,在雪地上构成了各种图案画。屋子里,煤炉子里正生着火,满室生春,案上的菊花和秋海棠依然欣欣向荣。胡同里卖硬面饽饽的,卖半空儿多给的,刚刚呼唤过去,万籁无声。于是我熄了电灯,隔着大玻璃窗,观赏着院子里的雪和月,真够人玩味。住家,我实在爱北平!

——张恨水《影树月成图》

平 生 辉 煌

清光绪二十一年(1895),祖籍安徽潜山的张恨水出生在江西广信的一个小官吏家庭。1912 年,收盐税的父亲去世,家道中落。17 岁的张恨水看着母亲领着五个弟妹陷入困顿,被迫结束了学业。百无一用的张恨水最终在笔耕中为自己和家人谋得了一条生路。

僦居京城的最初十年,张恨水以报刊作为阵地,站稳了脚跟,也完成了从新闻采编到小说创作的职业生涯转型。天才型选手在生活压力的推动下闪亮登场。写作从不打草稿的张恨水几乎每天都能一挥而就 3 000 字,而且常常同步创作多部作品,最高纪录是同时撰写七部长篇小说。在半个世纪的笔耕历程中,这位"民国第一写手"写下了 3 000 多万字的作品,仅长篇小说就写了 120 多部。1924 年,张恨水因连载于《世界晚报》副刊的章回小说《春明外史》一举成名。1927 年,《金粉世家》于《世界日报》副刊上连载。1930 年,《啼笑姻缘》于上海《新闻报》副刊连载,将张恨水声望推到最高峰,奠定了张恨水在中国文学界的地位。

张恨水不仅是同时代最多产的作家,也是作品最畅销的作家。他拥有妇孺皆知的社会知名度,其作品则拥有上至鸿儒下至白丁的读者群。被尊为"教授之教授"的大学者陈寅恪就是张恨水的粉丝。在西南联大时,陈寅恪身染重病,双目失明,于是请好友吴宓去图书馆借来张恨水的小说《水浒新传》,读给他听,成了每天的唯一消遣。鲁迅的母亲也是张恨水的粉丝,每有张恨水的新书出版,她都会写信给儿子,要他买了书寄回家。1934 年,鲁迅在给母亲的信中写道:"母亲大人膝下敬禀者,……三日前曾买《金粉世家》一部十二本,又《美人恩》一部三本,皆张恨水作,分二包,由世界书局寄上,想已到,但男自己未曾看过,不知内容如何也……"

从 24 岁来到北京起,张恨水在北京生活了 36 年。几乎张恨水一生的重要时段都是在北京度过的,最重要的作品也都是在北京创作的,作品中的故事也都发生在北京。有学者认为,北京城是为数不多被文学化且拥有文学形象的城市。塑造北京城文学形象的主要是两位作家,一位是老舍,另一位就是张恨水。与老舍聚焦于北京底层民众生活不同,张恨水对北京城展开的是全方位观照。这其中也隐约映射出了作家的影子。于是,从文字中,人们不难发现:许多年后,张恨水依然清晰记得,民国八年秋初到北平的那个秋日,天色已经黑了,前门楼的伟大建筑,小胡同的矮屋,带着白纸灯笼的骡车,给来自江南的人一个极深刻的印象。

同样让张恨水难以忘怀的,必然还有在岁月安好背后"停了药罐就提起笔杆"负重前行的生命历程。

人 间 岁 月

父亲去世后不久,张恨水作为长子长兄在母亲安排下与当地一位叫徐大毛(徐文淑)的姑娘走进了第一段婚姻。毫无感情基础可言的婚姻,加快了张恨水外出谋事的脚步。1919年,张恨水只身来到北京,之后迎娶了自己的第二任妻子胡招弟(胡秋霞),并有了一个女儿。不过,这段婚姻的感情基础不是爱,而是张恨水对流浪女子的怜悯和对方回馈的感激。渴望琴瑟和鸣的张恨水终于在1931年遇见了一生最爱。那年,张恨水的长篇小说《啼笑因缘》单行本出版发行,引起轰动,与此同时,在一场赈灾游园会上,36 岁的张恨水与周淑云(周南)一见倾心,并于当年走进婚姻。才子佳人、相濡以沫的婚姻延续了 28 年,一直到 1959 年周南病逝。

在张恨水到北京后的第六年,他的大妹张其范考取了北京女子师范大学,张恨水不想让母亲挂念女儿,于是做出一个重大决定:把全家从安徽老家迁至北京。此时的张家已经是三世同堂的大家庭。张恨水兄弟姊妹六人,他是长子,下面有三个弟弟和两个妹妹。弟弟中二弟啸空、三弟仆野都已婚配,妹妹尚未出嫁。未英胡同的一处宅院容纳了张恨水全家。张其范曾在《回忆大哥张恨水》一文中写道:“大哥住北屋三间——卧室、会客室、写作室。写作室的窗子嵌着明亮的玻璃,窗外一棵古槐、一棵紫丁香,春天开着洁白清香的槐花,凋谢时落花铺满地面,像一条柔美的地毯。哥哥爱花,不让人践踏,一听我们推门声响,就立刻停笔招呼:‘往旁边走,别踩着花。’”

从血亲到姻亲,当张恨水终于在京城拥有温馨柔顺的甜蜜生活后,他同时需要扛起的是十余人饮食起居的负担。因此,让张其范记忆犹新的,还有哥哥笔耕的艰苦与勤奋:“妈妈嫂嫂和我姐妹,住在后进,院子里有棵高大的四季青,我们常聚在树下看书,做针线。有一次,后院的小门蓦地推开,大哥边系裤带,边兴奋地说:‘想到了,终于想到了。’原来他想好了小说中的一个情节。母亲心疼地说:‘你脑子日夜想个不停,连上厕所都在想,怎吃得消啊!’”

张恨水在《影树月成图》一文中也曾描述未英胡同那座宅院令人神往的概貌："未英胡同三十号门,以旷达胜。前后五个大院子,最大的后院可以踢足球。中院是我的书房,三间小小的北屋子,像一只大船,面临着一个长五丈、宽三丈的院落,院里并无其他庭树,只有一棵二百岁高龄的老槐,绿树成荫时,把我的邻居都罩在下面。"老槐树绿树成荫庇护了一片院落,张恨水妙笔生花安顿了一家老小。

鸳鸯蝴蝶派或然? 孤军作战廿余年。
卖文卖得头将白,未用人间造孽钱。

这是张恨水的创作生态与创作心态的坦诚剖白。不党、不群、不官、不商的张恨水用自己的一支笔在那个城头变幻大王旗的时代成为风采独具的职业作家。连载小说、报刊文章,张恨水每天都处于奋笔疾书的状态:"我坐在一间特别的工作室里,两面全是花木扶疏的小院包围着。大概自上午九点多钟起,我开始写,直到下午六七点钟,才放下笔去。吃过晚饭,有时看场电影,否则又继续地写,直写到晚上十二点钟。我又不能光写而不加油,因之,登床以后,我又必拥被看一两点钟书。"写下的是文字,领回的是房租、是柴米油盐酱醋茶的日常用度。他也会心生烦闷,也会身体不适,于是,他打上二两酒,买包花生米,借酒解闷或者发一通停了药罐就得提起笔杆的牢骚,但是,很快他又会开足马力,就像每一个负责任的"一家之主"。

很多年以后,张恨水的孙子张纪回忆道:"在我的记忆里,苍老的他坐在同样苍老的藤椅上晒太阳。去看望他时,他总做掏腰包的手势,要给我零花钱。"

平淡如斯,实在如斯。

他 山 之 "玉"

从寡母到五个弟弟、妹妹,张恨水在父亲故去后妥善地安置了自己的原生家庭;从徐文淑到胡秋霞再到周淑云,张恨水一生走过三段婚姻,一共育有 13 个子女。不夸张地说,张恨水的确是民国最能挣稿费养家的作家。与此同时,他也是一位善于平衡各种感情的才子。对于母亲安排的第一段婚姻和自己并不满意的第二段婚姻,张恨水照顾了他人,却也不愿委屈自己。但是,他在周淑云面前开诚布公又旗帜鲜明地说:"我家里还有两位夫人在。而且,我不能和她们离婚。如果秋霞和文淑离开我,她们将无法生活下去。"在能力所及的范围内,张恨水一直寻求心之所安,保持了家庭内的平衡。

对于父亲负重的一生,子女们有深切的体会。张恨水靠自己的双手养活自己的家人,给孩子们树立了人生的榜样。在姻缘之外,子女们对张恨水的人格都给予了认同。张恨水与胡秋霞的女儿张正说:"懂事以后,我知道自己的家庭比别人复杂,不愿谈起。每当看到母亲痛苦的表情,也难免会怨恨父亲。但是,当我走过为人妻、为人母、为人师的生活历程之后,才真正理解了父亲的感情。很多人说父亲的小说是'半新半旧',思想上也是'半新半旧',那么他的婚姻也算是'半新半旧'式的吧。作为子女,我们不愿用世俗的尺子去衡量他更爱哪一个女人,我们只能说,父亲的人性是丰满的、仁慈的,充满温情善良。"

　　流自己的汗,吃自己的饭。笔耕之外的张恨水,是一个追求生活趣味的人。他特别爱养花,也特别会养花,用自己的负重收获了属于自己的芬芳与甜蜜。

第三章

沈雁冰 ▷ 与时代同行

霞儿：

十月五日邮寄的信（附有桑的信），今天收到了。差不多在路上走了一个月。但在此信之前你所寄出的另一信，却没有收到。你和萧逸已经登记结婚，我们可以同意，而且也很高兴。我们虽然尚未见过萧逸，可是从前你曾经来信描写过他，而且他自己也来过一两封信，所以，我们也就有了个印象。我们相信，我们的女儿在这事的选择上是用了比较审慎的态度和清醒的头脑的，我们同时也喜欢她的选择不以虚荣和外表为对象。我们喜欢在生活中受过艰苦的磨炼而有志学习力求上进的年青人。萧逸从前是这样的一个人，我们相信他现在也还是这样的一个人，希望他永远是这样的一个人。我们遥祝你们俩的共同生活将是幸福而快乐的，你们相敬相爱，共同朝你们所信仰的人生目标迈进！我们相信你们那里的环境是一个使人容易向上学好的环境，所以我们对于你们的前途抱着十二分的信心，想来你们是不会辜负我们的期望的！

……你需要什么东西，我们可以设法托带或寄。还要俄文书么？上次你要软片，我们曾去找过；但因此物很缺，一般照像店里都没有，非得特别托人找门路不可。这样我们觉得太麻烦了，就作罢了。况且我们相信不久后一定能看到你们，现在不见到相片也不算什么。书籍我们尽可能给你弄一些。大概二个月前，曾托人带上一批（书名我忘了），不知收到了没有？

我们要给你和萧逸一点纪念品，这托人带也太噜苏，将来见面时再给你们罢。

祝你们快乐而进步。

父母字十一月六日（1944年）

——茅盾《家书》

平 生 辉 煌

清光绪二十一年（1895），茅盾出生在浙江桐乡乌镇。父亲沈永锡，是一位通晓中医的秀才，也是一位重视新学、思想开明的维新派人物。受父亲影响,母亲陈爱珠也略通文理,眼界与格局远比同时代的人更为开阔。1905 年,沈永锡在茅盾十岁的时候去世,性格坚韧的母亲成为了儿子的启蒙老师。

1911 年辛亥革命爆发,正在嘉兴中学堂求学的少年茅盾热情地迎接了革命,并和同学发动了抨击学监的运动,因此被学校除名,被迫转入杭州安定中学校学习。

1913 年,茅盾考入北京大学预科。由于家庭经济窘迫,他不久就开始工作谋生。1916 年 8 月,到上海商务印书馆编译所工作。随着"五四"文学革命深入开展,茅盾也在《小说月报》的编务工作中连续撰文,发表具有革命意味的文学见解。1920 年底,茅盾接编并全部革新了《小说月报》。1921 年初,茅盾与郑振铎、王统照、叶绍钧、周作人等人联系,发起成立了"文学研究会"。与此同时,茅盾加入了上海共产党早期组织。1921 年 7 月,中国共产党成立,茅盾成为中国共产党最早的党员之一,积极参加社会革命活动。

1927 年 9 月至 1928 年 6 月,茅盾陆续发表了《幻灭》《动摇》《追求》,完成了《蚀》三部曲的创作。接下来的十年,茅盾在文学创作领域不断成熟,进入丰收阶段,完成中篇《路》《三人行》和长篇《子夜》。作为中国现代文学史上第一部成功的写实主义长篇小说,《子夜》是一部大规模地描写中国社会状貌的小说,显示了左翼文学的实绩,被视为"五四"以来新文学发展历程上的一座里程碑。《林家铺子》《春蚕》《秋收》《残冬》

等优秀的短篇小说也创作于这一时期。抗战全面爆发后,茅盾离开上海,辗转各地。创作了散文名篇《风景谈》《白杨礼赞》和又一部长篇力作《腐蚀》。

抗战胜利后,茅盾回到上海,主编《文联》杂志,参加呼吁和平、争取民主的活动,呼请海内外同胞团结起来,促成新政治协商会议早日召开。应中国共产党的邀请,茅盾于1949年2月到达和平解放后的北平,参加中国人民政治协商会议的筹备工作。在中国文学艺术工作者代表大会上,茅盾当选为中国文学艺术界联合会副主席和中国文学工作者协会(后改为中国作家协会)主席。中华人民共和国成立后,茅盾担任中央人民政府文化部部长职务,主编《人民文学》杂志,并当选为全国人民代表大会代表、全国政协委员会常务委员和第四届及第五届全国政协副主席。1981年3月27日,茅盾病逝于北京。临终前,他恳切地向党提出:"如蒙追认为光荣的中国共产党员,这将是我一生最大荣耀。"中共中央根据茅盾的请求和他一生的表现,决定恢复他的中国共产党党籍,党龄从1921年算起。

茅盾的著作主要有十卷本的《茅盾文集》和《脱险杂记》《茅盾论创作》《茅盾文艺杂论集》《茅盾文艺评论集》《茅盾译文选集》《世界文学名著杂谈》《神话研究》以及回忆录《我走过的道路》等。自1983年起,人民文学出版社陆续出版了40卷本的《茅盾全集》。茅盾之子沈霜在《茅盾全集》的基础上,又做了大量搜集补遗的工作,于2006年在黄山书社出版了两卷计七十多万字的《茅盾全集》补遗卷。

1981 年，茅盾将其 25 万元稿费捐献出来，作为遗愿设立文学奖金。茅盾文学奖成为中国第一个以个人名字命名的文学奖，也是中国长篇小说迄今为止的最高奖项。

人间岁月

1918 年的早春二月，茅盾从上海回到故乡乌镇，和孔德沚完成了由祖辈定下的婚约。茅盾和他的母亲惊讶地发现，此时的孔德沚在"女子无才便是德"的教条束缚下大字不识一个，甚至不知道上海离乌镇远还是北京离乌镇远。母子二人接续教授孔德沚识字读书。时代在变幻的风云中快步向前。茅盾与妻子紧随时代的步伐快速迈进。当茅盾在革命道路上奋勇前行的时候，聪明而又坚韧的孔德沚，从婚前只认得一个"孔"字的旧式女子，很快成长为可以读书看报甚至公开发表演讲的新女性。1925 年，孔德沚加入中国共产党，成为一名革命战士。白色恐怖时期，孔德沚坚持为党工作，与瞿秋白夫妇、鲁迅夫妇以及左翼文化人士保持着密切的往来。1936 年，鲁迅先生逝世。当时茅盾正在乌镇养病，身处上海的孔德沚便全身心地帮助许广平女士料理丧事。1937 年抗战全面爆发后，孔德沚陪伴茅盾辗转了大半个中国，历尽苦难。1949 年后，孔德沚曾向周恩来总理请求工作。周总理让孔德沚"照顾好茅盾同志"。从那时起,孔德沚一直牢记周总理的嘱托,全心全意照顾好茅盾的生活。1970年,在孔德沚因病逝世后,茅盾在日记和回忆录里写下他们在半个世纪里相濡以沫、携手同行的点点滴滴。事实上,孔德沚的人生轨迹,是个人的选择,又何尝不是茅盾与时俱进的引领?

1921年,茅盾和孔德沚的女儿沈霞出生了。1923年,夫妇二人又有了儿子沈霜。1940年,茅盾在离开延安前往重庆工作时,决定将一双儿女留在革命大家庭里成长,沈霞在延安女子大学学习,沈霜则进入了陕北公学。天各一方的一家人,自此通过书信联络。沈霞在延安读大学期间,与同学萧逸恋爱了,并在1944年10月结婚。听闻女儿婚讯的茅盾夫妇,用书信的形式表达了问候与期望。

你和萧逸已经登记结婚,我们可以同意,而且也很高兴。……我们遥祝你们俩的共同生活将是幸福而快乐的,你们相敬相爱,共同朝你们所信仰的人生目标迈进!我们相信你们那里的环境是一个使人容易向上学好的环境,所以我们对于你们的前途抱着十二分的信心,想来你们是不会辜负我们的期望的!

在信中,茅盾不仅关心女儿、女婿的饮食起居、生活点滴,更在字里行间渗透着作为革命家的家国情怀。父母的影响在很大程度上激励着子女严格要求自己与时代同行。不幸的是,抗战胜利前夕,为了革命事业,发现自己怀孕的沈霞坚决要求做人流手术,却因细菌感染去世。沈霞的意外给茅盾、孔德沚夫妇造成终身难以纾解的伤痛。好在还有儿子沈霜陪伴在侧,慰藉余生。

与姐姐沈霞一样,沈霜也是在延安这片革命热土上成长起来的。在沈霞加入中国共产党后的第四年,沈霜于1945年也加入共产党,并在延安大生产运动中被评为劳动模范。中华人民共和国成立后,在北京外国语学院学成毕业的沈霜先后在北京、南京等地的军事院校从事翻译、编辑工作。1980年7月,沈霜放弃了自己的工作,提前办理离休手续,回到父亲身边,协助查找资料,专心致志帮助父亲写作回忆录。深受父亲影响的沈霜坚守信仰,为人低调,从不以名人之后、革命有功者自居,始终保持朴素的本色。

2011年春天,沈霜回乌镇扫墓,在父母墓前深情地说道:"爸爸、妈妈,阿霜来看你们了。你们在地下还好吧?我想应该很好的。这里的环境很好,许多人都来看你们,可是儿子来得就少了,有三四年没来看你们了。你们在地下是不是和姐姐在一起啊?姐姐的骨灰还没有找到,不过我相信姐姐的灵魂一定和你们在一起,你们一家三口一定很高兴,有时候还可以到旁边看看娘娘(祖母)。儿子现在也老了,八十八岁了,也许在不久的将来,儿子也到你们那里去了,再一起把姐姐拉着,然后我们去看娘娘,恢复我们三十年代这样一个小的家庭生活,好不好啊?"时光匆匆,此刻的乌镇一如八十年前,杂花生树,草长莺飞。

他 山 之 "玉"

与时代节奏同频共振的人会奏出强劲的旋律。

1945 年 6 月 24 日,在周恩来亲自策划下,郭沫若、叶圣陶、老舍等人发起了纪念茅盾五十诞辰和创作二十五周年活动。在祝寿会当天,《新华日报》发表社论《中国文艺工作者的路程》,认为"中国新文艺运动中有茅盾先生这样一位弥久弥坚,永远年轻,永远前进的主将"是"值得骄傲的"。正如他在散文名篇《风景谈》里写到的"在背山面水这样一个所在,静穆的自然和弥满着生命力的人,就织成了美妙的图画",茅盾从来都不是时代的被动接受者,而是与时代同呼吸共命运的弥漫着生命力的那一个。夏志清评论说:"茅盾无疑仍是现代中国最伟大的共产作家,与同期任何名家相比,毫不逊色。"在时代的宏大进程中,茅盾引领着自己的家人刻镂了永不磨灭的风景,演奏了和谐而强劲的时代主旋律。

个人的痛苦与欢乐,必须融合在时代的痛苦与欢乐里。正像车尔尼雪夫斯基所说:"生命,如果跟时代的崇高责任联系在一起,你就会感到它永垂不朽。"

第四章

朱自清 ▶ 宁廉洁正直以自清，
佩弦以自急

　　我现在已是五个儿女的父亲了。想起圣陶喜欢用的蜗牛背了壳的比喻，便觉得不自在。……从孩子们那一面说，他们该怎样长大，也正是可以忧虑的事。我是个彻头彻尾自私的人，做丈夫已是勉强，做父亲更是不成。自然，子孙崇拜，儿童本位的哲理或伦理，我也有些知道：既做着父亲，闭了眼抹杀孩子们的权利，知道是不行的。可惜这只是理论，实际上我是仍旧按照古老的传统，在野蛮地对付着，和普通的父亲一样。近来差不多是中年的人了，才渐渐觉得自己的残酷：想着孩子们受过的体罚和叱责，始终不能辩解——像抚摩着旧创痕那样，我的心酸溜溜的。

　　……

　　自然，人的好坏与成败，也不尽靠学校教育：说是非大学毕业不可，也许只是我们的偏见。在这件事上，我现在毫不能有一定的主意:特别是这个变动不居的时代,知道将来怎样? 好在孩子们还小,将来的事且等将来吧。目前所能做的,只是培养他们基本的力量——胸襟与眼光;孩子们还是孩子们,自然说不上高的远的,慢慢从近处小处下手便了。这自然也只能先按照我自己的样子:神而明之,存乎其人,光辉也罢,倒楣也罢,平凡也罢,让他们各尽各的力去。我只希望如我所想的,从此好好地做一回父亲,便自称心满意。

——朱自清《论气节》

平 生 辉 煌

清光绪二十四年(1898),朱自清出生在江苏东海平明镇。1904 年,朱自清跟随父亲朱鸿钧迁居扬州。1912 年,朱自清从私塾走进江苏省立第八中学(今扬州中学)学习,开始接受新式教育。1916 年,朱自清中学毕业后考入北京大学预科,并在第二年升入北大哲学系。此时的朱自清对自己的人生有了清晰的期许,他依《楚辞·卜居》"宁廉洁正直以自清"将原名自华改为自清;依《韩非子·观行》"西门豹之性急,故佩韦以自缓;董安于之性缓,故佩弦以自急"取字佩弦;于名于字,均表达了自警自励之意。北大期间，朱自清开始文学创作，并积极参与学生运动，传播进步思想。

1920 年，朱自清修完本科课程提前毕业。他选择的第一份职业是教书育人，先在杭州第一师范，继而回到母校江苏省立第八中学，教授国文与哲学。在文学创作的道路上，朱自清于 1921 年加入文学研究会，成为"五四"时期的重要作家之一，尤其是在诗歌创作领域，先后出版了《雪朝》《毁灭》等作品，为新诗的道路开拓付出了辛勤的劳动。1925 年 8 月起，朱自清受聘于清华，先后担任国文教授、中文系教授、中文系主任、图书馆馆长。在此前后，朱自清的创作重心从诗歌转向散文。早在 1917 年冬，朱自清从北京赶到徐州，与父亲一道返回扬州为祖母奔丧。办完丧事后，朱自清返回北京大学，朱鸿钧则转去南京谋职，于是父子同行至浦口火车站分手。1925 年，朱自清创作的散文《背影》即取材于此。

1931 年，朱自清留学英国，进修语言学和英国文学。在漫游意大利等五国后的 1932 年，朱自清回国任清华大学中文系主任。在朱自清的主持下，清华大学中文系拥有了陈寅恪、杨树达、黄节、刘文典、俞平伯、闻一多、王力等诸多名师，继续向着"创造我们的新文学"目标迈进，重视学生外国语言以及对欧美文学的学习，形成了谨严、开阔的学风，培养了一大批优秀人才。在这个过程中，朱自清"周旋老辈，奖掖新进，使新旧学术平衡发展"。

在中国现代文学的进程中,朱自清以散文家、诗人的身份为人熟知。以诗歌和散文作为文学创作的主要体式,朱自清的作品充满了对人生和社会的关注。以《冬天》《儿女》为代表的一组散文,主要描写个人和家庭生活,表现父子、夫妻、朋友间的人伦之情,具有浓厚的人情味。以写自然景物为主的一组借景抒情的小品,如《桨声灯影里的秦淮河》《荷塘月色》等,在物象的描绘与氛围的营造中满注深情,同样出色。至于《背影》《悼亡妇》等,或写给父亲朱鸿钧,或写给妻子武钟谦,情感指向更为聚焦,且素朴缜密、清隽沉郁、语言洗练、文笔清丽,被称为"天地间第一等至情文学"。

执教清华大学中文系之后,朱自清在学术研究方面不断拓进,取得了深厚的造诣。他说"国学是我的职业,文学是我的娱乐"。《朱自清古典文学论文集》(上下)、《古诗歌笺释三种》、《十四家诗钞》、《宋五家诗钞》是他在古典文学研究方面的专集,至于《诗言志辨》《经典常谈》等著作,则是朱自清学术著作中最有影响力的作品。

朱自清是勤奋一生的人。包括诗歌、散文、文艺批评、学术研究等在内,朱自清的著作计 27 部,共约 190 万字,大多收入开明书店 1953 年出版的 4 卷《朱自清文集》。1988 年,江苏教育出版社对朱自清著作开展全面搜集、整理,出版了 6 册《朱自清全集》,定格了朱自清在中国现代文学史乃至文化史上的重要地位。

人 间 岁 月

朱自清对家庭生活非常看重,在《冬天》里,读者可以感受朱自清在《背影》之外的另一种温情:

> 在台州过了一个冬天,一家四口子。……有一回我上街去,回来的时候,楼下厨房的大方窗开着,并排地挨着她们母子三个;三张脸都带着天真微笑地向着我。似乎台州空空的,只有我们四人;天地空空的,也只有我们四人。那时是民国十年,妻刚从家里出来,满自在。她死了快四年了,我却还老记着她那微笑的影子。
>
> 无论怎么冷,大风大雪,想到这些,我心上总是温暖的。

温情的朱自清,与人为善。李广田在《最完整的人格》里写朱自清:"你总感觉到他在处处为你打算,有很多事,仿佛你自己还没有想到,他却早已替你安排好了。"朱自清更注重大节,在家境衰败、经济困难甚至被生活压得不能喘气的时候,也决不与社会同流合污。在《论气节》中,朱自清说"气是敢作敢为,节是有所不为——有所不为也就是不合作"。在冷峻地批判了传统旧式气节的同时,朱自清肯定了知识分子的新气节,强调气节的当下性、时代性与正义性。

抗日战争全面爆发后,朱自清携第二任妻子陈竹隐以及 8 个孩子,随清华大学南下长沙,并于 1938 年 3 月辗转抵达昆明,任北京大学、清华大学、南开大学合并的西南联合大学中国文学系主任,并当选为中华全国文艺界抗敌协会理事。偌大的家庭逐渐陷入极度的贫困。最艰难的时候,陈竹隐甚至瞒着朱自清去卖血维持生计。然而,在艰辛的岁月里,朱自清仍然以认真严谨的态度从事教学和文学研究,就像他早年在长诗《毁灭》写到的那样:"一步步踏在土泥上,打上深深的脚印。"

1945 年抗战胜利后,国民党政府发动内战,并大肆镇压民主运动。1946 年 7 月,听闻好友李公朴、闻一多先后遇害的消息,满怀悲愤的朱自清不顾个人安危,从北平远赴成都出席社会各界举行的追悼大会,报告闻一多生平事迹,向国民党政府提出抗议,悲愤而真挚的报告深深打动了听众,许多人被感动得落下了眼泪。

在黑暗现实的教育和爱国民主运动的推动下,在反饥饿、反内战的实际斗争中,朱自清最终成为一名革命民主主义战士。1948 年 6 月 18 日,身患严重胃病,体重不到 40 公斤,迫切需要营养和治疗的朱自清,仍签名《抗议美国扶日政策并拒绝领取美援面粉宣言》,坚守着一个正直的爱国知识分子的高尚气节和可贵情操。8 月 12 日,严重的胃溃疡导致胃穿孔,朱自清病逝于北平。临终前,他还谆谆嘱咐夫人陈竹隐:"有件事要记住,我是在拒绝美援面粉的文件上签过名的。我们家以后不要买国民党配给的美国面粉!"

1949 年 8 月 18 日,毛泽东在为新华社撰写的《别了,司徒雷登》一文中写道:"我们中国人是有骨气的,许多曾经是自由主义者或民主个人主义者的人们,在美国帝国主义者及其走狗国民党反动派面前站起来了。闻一多拍案而起,横眉怒对国民党的手枪,宁可倒下去,不愿屈服。朱自清一身重病,宁可饿死,不领美国的'救济粮'。……我们应当写闻一多颂、写朱自清颂,他们表现了我们民族的英雄气概。"

他 山 之 "玉"

拥有孩子的男人与女人,并不天然、自然就是合格的父母。从这个意义上说,"父母"是需要耐心培养的一种身份,就如同父母培养子女。朱自清说:"近来我也渐渐觉着自己的责任。我想,第一该将孩子们团聚起来,其次便该给他们些力量。我亲眼见过一个爱儿女的人,因为不曾好好地教育他们,便将他们荒废了。他并不是溺爱,只是没有耐心去料理他们,他们便不能成材了。我想我若照现在这样下去,孩子们也便危险了。我得计划着,让他们渐渐知道怎样去做人才行。"

朱自清先后结婚两次。他与原配武钟谦生育了六个孩子,最小的一个孩子在一岁时夭折。在武钟谦病逝后,朱自清又于 1932 年与齐白石的学生陈竹隐结婚，生育了 3 个孩子。朱自清所谓的"怎样去做人"，重要的抓手莫过于身体力行、言传身教。朱自清在缺粮的情况下坚决地拒绝了美国人的救济粮，教导自己的孩子切勿丢了气节，捍卫了自己的尊严，也捍卫了民族的尊严，更为孩子们夯实了立身行事的根基。就此而言，朱自清已经在时代的洗礼中将自己培养成一位出色的父亲。

在为子女打好人生的底色后，父母需要学会放手，给孩子成长、发展以足够的自由。正像朱自清说的，"职业、人生观等，还是由他们自己去定的好；自己顶可贵，只要指导，帮助他们去发展自己，便是极贤明的办法"。

生命不免风雪，但是在"宁廉洁正直以自清""佩弦以自急"的朱自清的教育和影响下，他的孩子们，比如朱迈先、朱闰生、朱乔森、朱思俞等都很注重自己的道德与人格修养，在后来逐渐成长为国家栋梁，在史学、科学、教育等各行各业做出了自己的贡献。

第三篇

每个人身上都有太阳

每个人身上都有太阳，主要是让它如何发光。

　　　　　　　　　　　　　　　　——苏格拉底

　　这句话意味着每个人都拥有内在的潜力和才能，重要的是如何发掘和运用这些潜力。类似太阳的光芒，每个人都有独特的闪光点和价值，但需要经过培养和发展才能真正展现出来。

　　苏格拉底这句话的核心是强调个体的自我价值和自我实现的重要性。它提醒我们，每个人都有无限的可能性和发展空间，但只有通过实际行动和努力，才能让自己的光芒照亮世界。

　　在家庭教育中，父母如何发掘和发展自己的天赋和才能，如何让孩子相信自己的潜力，并致力于不断提升自己，以达到更高的成就和更大的影响力，太重要了。

第一章

林语堂 ▶ 拒绝焦虑

我要一间自己的书房,可以安心工作。并不要怎样清洁齐整,房间应有几分凌乱,七分庄严中带三分随便,住起来才舒服。

我要几套不是名士派但亦不甚时髦的长褂,及两双称脚的旧鞋子。居家时,我要能随便闲散的自由。虽然不必效顾千里裸体读经,但在热度九十五以上之热天,却应许我在佣人面前露了臂膀,穿一短背心了事。我要我的佣人随意自然,如我随意自然一样。冬天我要一个暖炉,夏天我要一个浇水浴房。

我要一个可以依然故我不必拘牵的家庭。我在楼下工作时,可听见楼上妻子言笑的声音,而在楼上工作时,却听得见楼下妻子言笑的声音。我要未失赤子之心的儿女,能同我在雨中追跑,能像我一样的喜欢浇水浴。我要一小块园地,不要有遍铺绿草,只要有泥土,可让小孩搬砖弄瓦,浇花种菜,喂几只家禽。我要在清晨时,闻见雄鸡喔喔啼的声音。我要房宅附近有几棵参天的乔木。

我要几位知心友,不必拘守成法,肯向我尽情吐露他们的苦衷。谈话起来,无拘无碍,柏拉图与《品花宝鉴》念得一样烂熟。几位可与深谈的友人。有癖好,有主张的人,同时能尊重我的癖好与我的主张,虽然这些也许相反。

我要一位能做好的清汤,善烧青菜的好厨子。我要一位很老的老仆,非常佩服我,但是也不甚了了我所做的是什么文章。

我要一套好藏书,几本明人小品,壁上一帧李香君画像让我供奉,案头一盒雪茄,家中一位了解我的个性的夫人,能让我自由做我的工作。

我要院中几棵竹树和梅花。我要夏天多雨冬天爽亮的天气,可以看见极蓝的青天。

我要有能做我自己的自由和敢做我自己的胆量。

——林语堂《我的愿望》

平 生 辉 煌

清光绪二十一年(1895),林语堂出生在福建龙溪的一个基督教牧师家庭。原生家庭在很大程度上影响着一个人的生命历程与人生状态。林语堂的父亲林至诚是一位乡村牧师，参与过当地乡村教堂的建设。1905 年，在自己设计的新教堂落成时，林至诚买了一副朱熹手迹拓本的对联，兴冲冲地贴在了教堂的门口。基督教与理学就这样融合在一位中国牧师的身上。"两脚踏东西文化，一心评宇宙文章。"1912 年，17 岁的林语堂从上海圣约翰大学出发，走出一条辉煌的中西文化兼收并蓄的道路，与父亲林至诚的格局与眼光密不可分。

1916 年从圣约翰大学神学系毕业后，林语堂在清华大学教授英语。林语堂在此期间逐渐意识到之前忽略了国文，"结果是中文弄得仅仅半通……我当时就那样投身到中国的文化中心北平，你想象我的窘态吧"。于是，他开始读《红楼梦》，逛琉璃厂，在经史子集中汲取母语文化的养分。1919 年，林语堂留学哈佛大学比较文学研究所，后又转入德国莱比锡大学主攻语言学。1923 年，林语堂获博士学位回国，先后执教于北京大学、北京女子师范大学和厦门大学。1924 年以后的十年间，林语堂一面在《论语》《人间世》《宇宙风》等杂志中穿行撰写"以自我为中心，以闲适为格调"的幽默小品，一面通过出任教育部所属"国语罗马字拼音研究委员会"委员、中研院史学特约研究员、上海东吴大学法律学院英文教授等职，在教育与学术领域寻求作为。在中国现代作家里，拥有海外留学背景的不在少数。毋庸置疑的是，林语堂拥有极为出色的英文水平。1935 年以后，林语堂在美国用英文写下了《吾国与吾民》《风声鹤唳》《孔子的智慧》《生活的艺术》。

在 1938 年 8 月至 1939 年 8 月旅居巴黎期间,林语堂用英文写就了 *Moment in Peking*（《京华烟云》）。《京华烟云》1939 年底在美国出版,在短短半年内即行销 5 万多册,美国《时代》周刊称其"极有可能成为关于现代中国社会现实的经典作品"。这部作品得到的关注远不止于普通读者。1938 年获得诺贝尔文学奖的赛珍珠给予这部作品高度评价,她说:"它实事求是,不为真实而羞愧。它写得美妙,既严肃又欢快,对古今中国都能给予正确的理解和评价。我认为这是迄今为止最真实、最深刻、最完备、最重要的一部关于中国的著作。"于是,根据诺贝尔奖官网已经公开的资料,林语堂在 1940 年确实得到了赛珍珠和赛珍珠的提名者瑞典学院院士斯文·赫定的两次提名,其中赛珍珠提名林语堂的档案编号是 9 - 0,斯文·赫定提名林语堂的档案编号是 9 - 1。

1947 年,林语堂完成了自己最得意的作品《苏东坡传》。1948 年,林语堂赴巴黎出任联合国教科文组织艺文组主任。1954 年,林语堂赴新加坡筹建南洋大学。一直到 1966 年林语堂定居台湾,出版了《平心论高鹗》,讨论《红楼梦》后四十回的真伪问题,引发了红学辩论。1967 年以后,林语堂受聘香港中文大学,主持编纂《林语堂当代汉英词典》。这位学贯中西的文化巨子,于 1976 年 3 月 26 日在香港去世。《纽约时报》评价说:"林语堂向西方介绍中国人的习俗、梦想、所思、所惧,当世无出其右者。"

人 间 岁 月

当鲁迅在革命中用"投枪"和"匕首"扎向敌人的时候,林语堂的兴趣逐渐转向在生活中寻找"闲适"与"幽默"。曾经惺惺相惜的两人,终于分道扬镳。鲁迅说"林语堂所提倡的东西,我是常常反对的"。1936 年初冬,林语堂在鲁迅去世后一个月,在纽约写下了《悼鲁迅》一文:"鲁迅顾我,我喜其相知,鲁迅弃我,我亦无悔。"也许正是因了鲁迅颇不认同的那份"闲适"与"幽默",林语堂多了一份在同时代的文人身上并不多见的豁达与洒脱。所以,天冷了,人心却没有。

林语堂的人间岁月弥漫温情。在迫于门不当户不对的世俗而结束了与陈锦端的初恋之后,林语堂在生活与情感之间找到了和解,"人生不能只吃点心不吃饭,也不能只要爱情,不要人生"。爱情的兴奋与失恋的苦楚逐渐平复,生活回归到理智与平和。1920 年,同样理智且平和的廖翠凤走进了林语堂的世界。结婚当天,林语堂拿着结婚证对廖翠凤说:"我把它烧了吧,这是离婚才用到的东西,我们一定用不到。"林语堂用这种方式表达了与妻子永结同心的情谊。两人相伴一生,互相搀扶,走过了风风雨雨的半个多世纪,抚育了三个女儿林如斯、林太乙、林相如。

在当时那个时代,三个孩子都是女儿,并没有让林语堂产生苦恼。豁达而洒脱的林语堂反倒对女儿们的教育非常重视。孩子们还小的时候,父亲就亲自教她们读书、练习书法、学习英文、弹钢琴。但是,林语堂不鼓励死读书,不愿意让孩子们成为读书的工具。他坚持读书要能辨是非,能在世俗的世界中保持清醒与独立。闲暇之时,林语堂便与妻子和女儿们跳舞、唱歌、做游戏,家里充满了歌声与欢笑。至于文凭学历,林语堂认为那都是次要的。

家庭的温馨无法对抗时代的动荡。被林语堂认定是个"文科人才"的二女儿林太乙,中学毕业之前从上海到纽约、从巴黎到重庆,尚未安定又需要适应一个全新的环境。1944年,林太乙经过极大的努力赶上了学校的课程,以"荣誉毕业生"的成绩从美国陶尔顿中学毕业了。在此前一年,17岁的林太乙就以中国人民抗日救国的活动为题材,用英文创作出版了被评论家称为"小妞儿版的《战争与和平》"的小说《战潮》。

林太乙中学毕业后对考大学感到迷茫。对此,林语堂颇不以为意。他认为"社会是个大课堂,根本不要上大学",又认为"在学校学到的东西,不如在校外的所见所闻,何况一部字典在手,什么学问都可以自修"。于是,林语堂劝说女儿不要上大学,引导她尽快踏入社会。当时,耶鲁大学正好在招聘中文老师,林语堂便建议女儿去应聘。林太乙担心自己的高中学历不会被接受,林语堂又鼓励女儿,说她的素养足够了,要相信自己。林太乙竟然成功进入耶鲁大学教授中文,并获得200美元的月薪。林语堂的家庭教育让林太乙受益终身。很多年后,林太乙回忆说:"我十岁跟爸爸学中文,他鼓励我写作,他文学上出类拔萃,也要我继承他的衣钵。"林太乙后来曾到哥伦比亚大学校外进修部选修英国小说与新闻学。一心当作家的她系统地阅读了古今中外的经典名著,对莎士比亚、萧伯纳、王尔德、拜伦、雪莱、华兹华斯、艾略特以及国内的张恨水等作家进行过研究,持续创作了《丁香遍野》《金盘街》《春雷春雨》《明月几时有》等作品,走上了文学的道路,成为三姐妹中唯一继承林语堂衣钵的人。

他山之"玉"

林语堂说,所谓的幸福无非就是睡在自家的床上,吃着父母做的饭菜,听着爱人给你说情话或是跟孩子做游戏。而这样的价值观念与其生活保持了一致。于是,闲适的心态在生活的每一个场景中油然而生。

顺乎本性,人就是身在天堂。林语堂的一生,彰显了现代文人的至情至性,也时时流露着传统文人的风骨才情,他曾深情地宣告:

> 我要一个可以依然故我不必拘牵的家庭。我在楼下工作时,可听见楼上妻子言笑的声音,而在楼上工作时,却听得见楼下妻子言笑的声音。我要未失赤子之心的儿

女,能同我在雨中追跑,能像我一样的喜欢浇水浴。我要一小块园地,不要有遍铺绿草,只要有泥土,可让小孩搬砖弄瓦,浇花种菜,喂几只家禽。我要在清晨时,闻见雄鸡喔喔啼的声音。我要房宅附近有几棵参天的乔木。

妻子儿女、草木鸣禽,与林语堂一道从容地享受阳光、共担风雨,是其期望得到的生活。

人无远虑,必有近忧。然而,在当下,起跑线意识已经让孩子的父母们集体沦陷在教育焦虑之中。如何在育儿的道路上披荆斩棘、乘风破浪成为父母们必须直面的难关与挑战。早在 2018 年,由智课教育联合新浪教育发布的"中国家长教育焦虑指数调查报告"以"70 后"到"90 后"家长人群作为调查对象,收集了全国 3 205 份问卷,据此展开分析,报告显示,中国家长 2018 年教育综合焦虑指数达到 67 点,整体处于比较焦虑状态,在孩子幼儿阶段和小学阶段,家长的焦虑情况更为严重。

阴霾难散的日子里,人们渴望一缕阳光,刺破雾障。这缕阳光早在 90 年前就已经明媚过林太乙和她那位学贯中西的乐天派父亲林语堂。今天的焦虑家长们不妨学习一二。

第二章

成仿吾 ▶ 有所不为,有所为

　　再过两三天,我回到中国来就要满三周岁。我抱了反抗的宗旨回到中国来,你是知道的。这三年的中间,我的反抗有时虽然也成了功,然而最后的结果却是弄得几乎无处可以立足,不仅多年的朋友渐渐把我看得不值一钱,便是在我自己并没有野心想要加入的文学界——在这样的文学界,我也不仅遭了许多名人硕学的倾陷,甚至一些无知识的群盲也群起而骂我是黑旋风,是匹疯狗。可是我对于这些天天增加的倾陷与毒骂者,我只觉得他们不过是跑来在我的反抗的炉火上加一些煤炭与木材,使火势不至于消灭。当然我的反抗决不是对向他们,我反而觉得他们有怜悯的必要;我的反抗是对向酿成这种现象的社会全体。有时候,因为人类已经不可救药,我也不免时抱悲观,然而当我否认了一切之后,我到底把反抗肯定了。

从小深处僻地的家中，全然没有与闻世事，十三岁时飘然远去，又在异样的空气与特别的孤独中长大的我，早已知道自己不适于今日的中国，也曾痛哭过命运的悲惨，然而近来更觉我与社会之间已经没有调和的余地了。我要做人的生活，社会便强我苟且自欺；我要依我良心的指挥，社会便呼我为疯狗。这样的状态是不可以须臾容忍的，而我所有的知识没有方法可以使我自拔出来；在这样的穷境中，我终于认识了反抗而得到新的生命了！不错，我们要反抗这种社会，我们要以反抗社会为每天的课程，我们要反抗而战胜！

古来有多少善人贤哲，为了一种空想或理想，闹了多少的闷争。他们是与自己的影子在争斗，所以总没有过战胜的一天。我们的对象不是什么空想或理想，我们是面对现在的社会，我们要把现在这社会的咽喉扼住，把它向地下摔倒。

我们要随时随地与社会战争；以前继续下来的反抗的工作，我们要更加用了十分的意识做下去。

——成仿吾《江南的春汛》

平 生 辉 煌

清光绪二十三年（1897），成仿吾出生在湖南新化的一个书香家庭。成仿吾三岁的时候父亲成达陶去世，进士出身的祖父成明郁对孙儿疼爱有加，希望他能像自己一样好学上进，于是为其取名仿吾，寄予着自己殷切的期许与厚望。随着祖父、母亲相继去世，1910年，13岁的成仿吾随其兄长——革命党人成劭吾东渡日本，就读于名古屋第五中学。异国生活的艰辛与不断袭来的歧视，激发了成仿吾以"反抗"为基调的民族感情，为富国强兵计，1917年夏，成仿吾考入东京帝国大学（今东京大学）造兵科，攻读枪炮制造专业。新文化运动点燃了成仿吾心中的理想之火，使他清醒地认识到单靠科技救国未必可行，对于一个民族的救亡图存而言，最重要的是从根本上改造国民思想。于是，成仿吾毅然"弃工从文"，走上了文学与革命的崭新道路。

1921年，成仿吾与郭沫若、郁达夫、张资平等人一起组建了新文学团体"创造社"，创办了《创造周报》等进步报刊，创作《从文学革命到革命文学》《全部批判之必要》等革命文学作品来唤醒群众的心灵。1924年，成仿吾从上海转战广州。1925年起任广东大学教授，同时兼任黄埔陆军军官学校教官。在与毛泽东、周恩来、恽代英、刘少奇、孙炳文等许多共产党人及鲁迅等革命文化人士接触后，1927年，成仿吾与鲁迅、郭沫若等人联名发表《中国文学家对英国知识阶级及一般民众宣言》，喊出"世界民众赶快联合起来去打倒资本帝国主义"的响亮口号。为了深入学习马克思主义理论，他赴欧洲留学。1928年，他在巴黎参加中国共产党。成仿吾由"文化人"一步步转变为"革命人"。

成仿吾回国后,于 1934 年 1 月到瑞金参加全国苏维埃第二次代表大会,会后留在中央宣传部和中央党校工作。1934年 10 月,第五次反"围剿"失败后,中央主力红军为摆脱国民党军队的包围追击,被迫实行战略性转移,退出中央根据地,开始长征。疟疾初愈的成仿吾向组织申请,毅然加入长征队伍。作为红军部队中唯一的大学教授,成仿吾参加了二万五千里长征。抗日战争全面爆发后,大批革命青年从全国各地奔赴延安。1937 年 7 月底,中央决定成立陕北公学,培养抗日军政干部。中国共产党的第一所高级干部学校由成仿吾任校长兼党组书记。成仿吾就此开始全身心投入党的教育事业。此后相继创办华北联合大学、华北大学和中国人民大学,并担任过这三所学校及东北师范大学、山东大学等学校的校长和书记等职,被誉为"人民教育的旗手",为祖国的高等教育事业做出了重要贡献。

成仿吾既有语言的天分,又认真刻苦。郭沫若在《创造十年》里说:"他很有语言学的天赋,他的学习能力很强,记忆力有点惊人。"这位语言学天才在德国国际政治大学就读期间,坚持课余到德共主办的共产主义夜大听课,用惊人的记忆力很快掌握了法、德、俄三国语言,加上在日本学的日语和英语,他精通五国语言。早在 1927 年,成仿吾就与郭沫若合作翻译了包括歌德、海涅等人的诗作在内的《德国诗选》。在漫长的革命生涯中,成仿吾翻译了多部马克思主义著作及西方文学著作，其中最为人称道的就是《共产党宣言》。从 1929 年到 1974 年，成仿吾用了近乎半个世纪的时间五次翻译这部由马克思、恩格斯合著的《共产党宣言》。1976 年，成仿吾将新译本交由中央党校印出试用。当新译本的送审版交给全国人大常委会委员长朱德审阅时，委员长非常高兴，亲自前往中央党校晤见成仿吾。

1984 年 5 月 17 日，成仿吾在北京病逝。由中共中央书记处审定的《成仿吾同志生平》高度评价成仿吾同志的一生"是为共产主义事业永远进击的一生，是无产阶级教育事业艰苦开拓和创造的一生，是为马列主义、毛泽东思想的传播鞠躬尽瘁的一生"。

人 间 岁 月

1982 年，85 岁的成仿吾这样总结了自己的一生："我是从文学革命到革命文学，从文化人到革命战士。"身份转变的背后是成仿吾有所不为而有所为的人生态度。

1928 年，成仿吾到法国学习，在途经日本时，住在好友郭沫若处。郭沫若的日本妻子安娜十分敬重成仿吾的善良与厚道，一度想把自己的妹妹介绍给成仿吾做妻子，但成仿吾拒绝了。在给郁达夫的信中，成仿吾写道：

至于我结婚的事,我以为你此后倒可以不要再为我忧愁,因为我只要听到女人二字,就好像看得见一张红得可厌的嘴在徐徐翻动着向我说:"你虽也还年轻,不过相貌太不好,你的袋里也没有几多的钱。"托尔斯泰生得丑陋,每以为苦,但是他颇有钱,所以倒也痛饮过青春的欢乐。像我这样赤条条的人,我以为决不会有什么女人来缠扰,对于一个 Misogamist,这倒也不是怎样坏的境遇。

一直到 1938 年,成仿吾偶遇张琳。是缘分,也是对革命事业的共同追求,让成仿吾决定与张琳走到一起。婚后,两人举案齐眉,同甘共苦,育有成其谨、成其谦、成其朴三个子女。婚姻生活如此,在男儿最为看重的事业上,成仿吾同样表现出一种有所不为有所为的魄力。

在任陕北公学校长时,成仿吾按照组织要求对师生实行军事化管理。于是,他以身作则,与学生一道出操、一般饮食、一起学习、一块讨论。在学生日常的饮食起居里倾注了真挚的情意。在遭遇敌机空袭的时候,他也是指挥学员疏散完毕后,才进入防空洞。于是,有学生写了一张条子给成仿吾:你是我们的妈妈。"妈妈校长"的称号不胫而走,传颂了半个世纪。

1939 年,根据抗日战争形势发展的需要,中共中央决定将陕北公学、鲁迅艺术学院、延安工人学校、安吴堡战时青年训练班等合并,成立华北联合大学,开展国防教育,坚持华北抗战。成仿吾曾回忆当时的心情："为了神圣的民族解放事业，为了新中国的创造，我们又一次踏上新的长征，再上前线，心情是豪迈的，也深感职责之重大和光荣。"1941 年，日军集中七万兵力向晋察冀边区腹地扫荡，华北联合大学被迫化整为零，将师生分散进山村。成仿吾时常冒着生命危险去村里看望师生。那些离家万里、担惊受怕的青年学生，对这位爱生如子的校长产生了强烈的心理依赖。

1945 年 8 月，毛泽东曾在延安问成仿吾："全国解放以后，你打算搞政权还是搞教育呀？"当时担任晋察冀边区参议长和华北联合大学校长的成仿吾毫不犹豫地回答："我还是搞教育。"1948 年，华北联合大学与北方大学合并成立华北大学，当已被任命为华东大学副校长的成仿吾与他整整 20 年没有见面的老朋友郭沫若在石家庄相逢时，郭沫若也关切地问他："今后你打算干哪行？"成仿吾笑呵呵地说："当然是教育啦！"有所不为的成仿吾在中华人民共和国成立之初转向在教育领域有所为，1950 年 10 月 3 日，以华北大学为基础合并组建的中国人民大学正式开学，成为 1949 年后创办的第一所新型正规大学。

他 山 之 "玉"

"成仿吾"是怎样的一个人，丁玲在《怀念仿吾同志》中曾经有一段饱含深情又饶有趣味的文字：

我对成仿吾同志是有所想象的。在文学上,他主张浪漫主义,创造社最早就是这样主张的。他是从日本留学回来的,一定很洋气,很潇洒。……他在国外学军械制造,或许是庄重严肃。又听说他在过黄埔军校,那一定又是一种军人气概。是的,他写过火气很重的文章,是不是有点张飞李逵式的气质呢?他是我们湘南人,是不是也有一点本乡本土的南方蛮子的倔强脾气呢?没有见到他之前,我确实对他作过各种揣测。但当我一见到他,第一个感觉,就是我想象的全都错了,错得简直有点失望的样子,他怎么只是那样一个土里土气,老实巴交的普通人呢,我后悔,为什么我单单忽略了他是一个经过长征的革命干部、红军战士,一个正派憨厚的共产党员呢?

想象与真相的背后,是成仿吾的不为与为。如果她了解成仿吾为自己的孩子所取的名字:其谨、其谦、其朴,也许就不会惊讶于成仿吾"想象"与现实的落差。成仿吾的女儿成其谦说:"我父亲是那一代革命者之中的一个,他一辈子都忠诚于自己的理想,忠诚于自己的信念,忠诚于自己的人格。我父亲为能参与中国革命而自豪,而我也为有这样一位父亲而骄傲!"

《论语》有云:"狂者进取,狷者有所不为也。"从东京帝国大学造兵科的大学生到五四新文化运动中主张文学革命的新青年，从大学课堂里舞文弄墨、侃侃论道的文人教授到长征队伍中投笔从戎、铁骨铮铮的红军战士，成仿吾人生的很多次转身偶然又必然，一切都服从于时代的选择，又都取决于一位狂狷之士有所不为有所为的人格。

第三章

沈从文 ▶ 只用无私和有爱回答世界

在人类文化史的进步意义上，一个真正的伟人巨匠，所有努力挣扎的方式，照例和流俗的趣味及所悬望的目标，总不易完全一致。一个伟大艺术家或思想家的手和心，既比现实政治家更深刻并无偏见和成见的接触世界，因此它的产生和存在，有时若与某种随时变动的思潮要求，表面或相异或游离，都极其自然。它的伟大的存在，即于政治、宗教以外，极有可能更易形成一种人类思想感情进步意义和相对永久性。虽然两者真正的伟大处，基本上也同样需要"正直"和"诚实"，而艺术更需要"无私"，比过去宗教现代政治更无私！

必对人生有种深刻的悲悯，无所不至的爱！而对工作又不缺少持久狂热和虔敬，方能够忘我与无私！宗教和政治都要求人类公平与和平，两者所用方式，却带来过封建性无数战争，尤以两者新的混合所形成的偏执情绪和

强大武力,这种战争的完全结束更无希望。过去艺术必
需宗教和政治的实力扶育,方能和人民对面,因之当前欲
挣扎于政治点缀性外,亦若不可能。然而明日的艺术,却
必将带来一个更新的庄严课题。将宗教政治充满封建意
识形成的"强迫""统制""专横""阴狠"种种不健全情绪,
加以完全的净化廓清,而成为一种更强有力的光明健康
人生观的基蠡这也就是一种"战争",有个完全不同的含
义。唯有真的勇士,敢于从使人民无辜流血以外,不断有
所寻觅探索,不断积累经验和发现,来培养爱与合作种子
使之生根发芽,企图实现在人与人间建设一种崭新的关
系,谋取人类真正和平与公正的艺术工作者,方能担当这
个艰巨重任。

——沈从文《一个传奇的本事》

平 生 辉 煌

清光绪二十八年(1902),沈从文出生在湖南凤凰的一个
军人家庭。祖父沈洪富 16 岁从军,因作战勇敢获得提升,为
清代湘军青年将领之一,曾任云南昭通镇守使和贵州总督。
因沈洪富早逝无子,祖母作主过继了叔祖父沈洪芳的儿子沈

宗嗣为其子。沈宗嗣曾是大沽提督罗荣光的裨将。1900年抗击八国联军,罗荣光殉国,沈宗嗣在北京失陷后回到家乡。沈从文的母亲黄素英为贡生黄河清之女,自幼与兄长在军营中生活,读书多且见识广。沈从文兄弟姊妹数人都得到了来自母亲的启蒙教育。

沈从文早年拥有行伍经历。1917年,沈从文参加湘西靖国联军第二军游击第一支队,驻防沅陵,到1922年提任靖国联军第一军统领官陈渠珍书记。1923年,沈从文脱下军装,到北京报考燕京大学国文班,遗憾的是未被录取。沈从文作为北京大学旁听生留了下来,在郁达夫、胡适、周作人、辜鸿铭等人的帮助与指导下,走上了文学道路,1924年起在《晨报》《晨报副刊》《语丝》《现代评论》上发表作品。一直到1928年,沈从文从北京去往上海与胡也频、丁玲筹办《红黑》杂志的时候,已经是文坛小有名气的青年作家。

从湘西到北京,再从北京南下上海,沈从文逐渐拥有了社会声誉与地位,但是,在骨子却始终与都市文明存在难以消解的隔膜。沈从文在创作中延续着自己的精神血脉,把情感留给了那片给他生命、知识和智慧的湘西土地。1934年,32岁的沈从文收获了自己文学生涯的代表作《边城》。小说以20世纪30年代川湘交界的边城小镇茶峒为背景,描绘了湘西地区特有的自然、风俗与人情,借船家少女翠翠的爱情悲剧,凸显出了人性的善良美好与心灵的澄澈纯净。小说开篇写道:

　　由四川过湖南去,靠东有一条官路。这官路将近湘西边境到了一个地方名为"茶峒"的小山城时,有一小溪,溪边有座白色小塔,塔下住了一户单独的人家。

　　这人家只一个老人,一个女孩子,一只黄狗。

　　作者致力于营造出一派宛如田园牧歌的理想世界,清新悠远、和谐宁静。在一种幽情单绪的基调中,特殊的文化背景的选择与陌生化的文化观念的传递,既倾诉了沈从文对故土的眷恋、对自然的感怀,又为在都市霓虹中迷失的人群照进一道光亮、吹进一丝轻风,吸引了无数读者,一举奠定了沈从文在中国文坛的地位。1999 年 6 月,《亚洲周刊》推出了"20 世纪中文小说一百强排行榜",对 20 世纪全世界范围内用中文写作的五百多部小说进行票选,排出前 100 部作品。鲁迅的小说集《呐喊》位列第一,沈从文的小说《边城》名列第二。若以单篇小说计,《边城》当属第一。自 1934 年出版后,《边城》先后被译成日本、英国等四十多个国家的文字出版,并被美国、日本、韩国、英国等十多个国家或地区选进大学课本。

　　自 1930 年起,沈从文相继在上海吴淞中国公学和国立青岛大学文学院担任教职。抗战全面爆发后,沈从文辗转到了昆明,继续与杨振声编选教育部委托的国语国文教科书。与此同时,国立北京大学、国立清华大学、私立南开大学在长沙组建国立长沙临时大学,1938 年因日机轰炸迁往西南昆明,成立国立西南联合大学。战事吃紧的时局下,西南联大求贤若渴。于是,36 岁的沈从文成为了西南联大的中文系教授,讲授"各体文习作""创作实习""中国小说史"。

抗战胜利后,1946 年 7 月西南联大完成历史使命。同年,沈从文回到北平,就任北京大学教授。然后,就像梁实秋所说,"从文一方面很有修养,一方面也很孤僻,不失为一个特立独行之士",一个不肯随波逐流的人,如何自处?自 1948 年开始,沈从文不断受到左翼文化界的猛烈批判,不得已把工作重心从文学创作转向了文物研究。在 1950 年至 1978 年间,从清点馆藏到收购文物再到文物研究,沈从文的身份是中国历史博物馆文物研究员。1980 年,78 岁的沈从文收获了自己学术生涯的代表作《中国古代服饰研究》。

人 间 岁 月

在 20 世纪的中国,跌宕起伏的人生如同一部传奇的作家,肯定不只沈从文一人。但是,在文学创作取得成就之后,成功调转航向,在文化研究尤其是文物研究领域再次取得建树的,应该只有沈从文一人了。沈从文次子沈虎雏说:"对于整个国家文学成就的总量,那他(父亲沈从文)是没有再参与了,没有他后期的贡献。单从这个角度看,总觉得是遗憾的。但他正好在中国需要文博事业大发展的时候,进入了这个队伍,他自己也总说他机会好。我感觉他在文物事业上所处的位置和他文学上所处的位置有很多相近之处。"就此而言,沈从文的一生既是坎坷的一生,更是奉献的一生。在这些历史表象的背后,回到一个人的本性上,人们不得不说,沈从文的人间岁月只是在用无私和爱回答这个世界。

在沈从文的情感世界里,最沉重的爱都给了张兆和。几乎与《边城》创作同步,沈从文收获的还有爱情。1929 年,在上海吴淞中国公学任教时,沈从文爱上了女学生张兆和。沈从文写道,"我行过许多地方的桥,看过许多次的云,却只爱过一个正当最好年纪的人"。这是沈从文写给张兆和的数百封信件——情书中的一句话。当然,年轻的张兆和收到的信件来自许多人,她把这些情书的寄件人编为青蛙 1 号,青蛙 2号……沈从文是"青蛙 13 号"。红娘胡适告诉张兆和"我劝你嫁给他,他是顽固地爱着你",张兆和请胡适转告沈从文"我顽固地不爱他"。

好在用心的沈从文终于得到女神的认可,从青蛙变成了王子。1933 年,沈从文辞去国立青岛大学的教职,同年 9 月 9日在北京中央公园宣布与张兆和结婚。然而,情感这条路因为时代的艰难与当事人的个性更加崎岖不平,坎坷难行。半个世纪的婚姻,给沈从文与张兆和带来的到底何种况味,外人难以评说。1995 年,《从文家书》出版,在"后记",张兆和写道:

　　从文同我相处,这一生,究竟是幸福还是不幸? 得不到回答。我不理解他,不完全理解他。后来逐渐有了些理解,但是,真正懂得他的为人,懂得他一生承受的重压,是在整理编选他遗稿的现在。过去不知道的,现在知道了;过去不明白的,现在明白了。他不是完人,却是个稀有的善良的人。

此刻,无论是狗血的剧情,还是渣男的罪名,在张兆和的眼中,都不过是浮云。生命的最后,慰藉这位老者一个世纪的苍凉的只能是沈从文的微笑与爱。

从课堂走回斗室,沈从文必须直面生活的艰辛。在不时受到轰炸的昆明,沈从文与妻儿拥有的食物非常有限。当家里既没有肉也没有菜的时候,张兆和只能拿出一些从北京带来的豆豉,沈虎雏和哥哥沈龙朱都不愿意吃。这个时候,沈从文就把小说里的《金玉奴棒打薄情郎》改为《酱油娘棒打薄情郎》,把《杜十娘怒沉百宝箱》换成《豆豉娘怒沉百宝箱》,父亲有趣的故事让孩子们把原本吃不下的豆豉也吃得津津有味。沈从文总能用一些有趣的方法来教育孩子。多年以后,沈虎雏回忆战争时期的动荡生活,他说:"那时候即使是吃糠咽菜也不觉得是受苦,我和哥哥身子照样拼命长。"

他 山 之 "玉"

爱人之外,沈从文还是老师。汪曾祺回忆西南联大的学习经历时,对老师沈从文的教学记忆犹新:"沈先生的讲课是非常谦抑,非常自制的。他不用手势,没有任何舞台道白式的腔调,没有一点哗众取宠的江湖气。他讲得很诚恳,甚至很天真。但是你要是真正听'懂'了他的话,——'懂'听了他的话里并未发挥罄尽的余意,你是会受益匪浅,而且会终生受用的。听沈先生的课,要像孔子的学生听孔子讲话一样:'举一隅而三隅反'。"

沈从文说:"生命都是太脆薄的一种东西,并不比一株花更经得住年月风雨,用对自然倾心的眼,反观人生,使我不能不觉得热情的可珍,而看重人与人凑巧的藤葛。在同一人事上,第二次的凑巧是不会有的。"于是,他将无私与爱全部灌注进了"边城"与"服饰",光和热被积贮,然后温柔地辐射出去。

"不折不从,星斗其文,亦慈亦让,赤子其人",这是傅汉斯、张充和题给沈从文的挽辞。无私有爱,从文让人!

第四章

艾芜 ▶ 像一条河一样

　　另一位太太，大概为了凑趣起见，便笑着说道："真的，我们叫张太太来看看喃！我们逗逗她，说这孩子是要卖的。我怕她连三五十块都肯出哩。"

　　有一位太太，一直没有说话，只是站着看的，这时便开腔了，带着感慨的语气："老实说，还拖着这样小的孩子做什么？倒不如过寄一个出去，自己也落得空起两手，好去帮人叫！大家拖在一块，只有越拖越难的。"

　　"太太，你说的话，我何尝没有想过许多次，一路上，都有人要这个小娃子。"女人说到这里似乎有些说不下去了，眼睛也红了，静了一会，才又说，"太太，你想嘛，我没有这个孩子，我还活着做什么？没有他，我不是跟他爹，足跟足走了的好。"随即拿手指着孩子，"这娃子投生出来，就说命不好，可是做娘的，哪会存半点心，嫌他哩。……我就是做叫化讨口，都要把他两弟兄盘大的。……太太，你们不要笑我,为了把他两弟兄,弄暖和一点,我连一条裤子,都没穿的,……好在这件衣衫还长,我不说,人家也看不出来的。"她这么说的时候,还一面把她的光足杆,从旗袍岔口边上,露了一截。

"哟!"

大家都沉默了,发着叹息的声音。只地上那个孩子,还在活活泼泼玩他的。他既不痛悼既往,也不悲观未来。他只要跟在妈妈身边,他便是最快活的人。同时,反过来,他的天真样儿,他的快愉脸色,也在安慰着他的妈妈。总之,她们母子,在这苦难的世界上,在这日人迫害的天空下面,无论如何是要生活下去的。而且,无疑地能够生活下去的,因为她们有着人世间最伟大的资本,那便是爱!

在淡黄落日光中,看见她们逐渐消失的影子,我禁不住深深地祝福她们!

——艾芜《难民哀话》

平 生 辉 煌

清光绪三十年(1904),艾芜出生在四川清流的一户乡村教师家庭。艾芜原名汤道耕。在《我的幼年时代》中，艾芜说："我的排行名字，就是使用头一个'道'字，再加一个我历代祖先从事耕种的'耕'字，便成为我的本名。同时也可以由我的本名，说明这家姓汤的人家，对于土地上的工作，有着怎样深厚的感情。为了土地，不顾险阻艰难，竟自漂泊了好几千里。而寻得了的土地，也果真不辜负希望，年年献出了谷物、牛羊、甘泉和果实。这当然更能增加工作者的热爱和喜悦，所以便在子孙的名字上头，寄托了他们工作的特点和对子孙将来的愿望。"在五四的洗礼中，汤道耕受到了胡适的影响。胡适说："我的宗教的教旨是：我这个现在的'小我'，对于那永远不朽的'大我'的无穷过去，须负重大的责任。对于那永远不朽的'大我'的无穷未来，也须负重大的责任。我须要时时想着，我应该如何努力利用现在的'小我'，方才可以不辜负了那'大我'的无穷过去，方才可以不遗害那'大我'的无穷未来？"行进在继续探寻自我征途上的汤道耕对"人要爱大我也要爱小我"的主张颇为认同，于是他把"爱吾"作为了自己的笔名。这个"爱吾"逐渐演变为"艾芜"，随着时间的流逝，以至于人们对"汤道耕"非常陌生，只记住了"艾芜"这个名字。

1921年，艾芜考入位于成都的四川省立第一师范学校，进一步接受了《新青年》和创造社的一些刊物的影响。在蔡元培《劳工神圣》和周作人"平民文学"思想观念的引领下，艾芜开始尝试文学创作。1925年的暑期，即将从四川省立第一师范学校毕业的艾芜，决定改变既定的人生道路，勇敢地到世界上去走走。有趣的是，艾芜没有选择北上北京，也没有选择东进上海，而是一路南下，到达云南以至缅甸。至此，艾芜走上了一条独特的文学之路与漂泊之路。这条路是艰难的。身无分文的艾芜，一边谋生一边创作，一边艰难地行进在异域边地，一边忘我地沉浸在文学天空。1927年，艾芜在缅北八莫被吸纳为缅共第一小组的新成员。1930年，艾芜在前往新加坡参加马来西亚共产党党代会(当时缅共小组受马来西亚共产党领导)的时候，滞留仰光。这年冬天，艾芜在《新芽日报》上发表同情达拉瓦底农民反对英殖民者的斗争的文章，触怒了缅甸当局而被捕，于1931年春被强行遣送回国，流浪生涯也随之结束。

这段流浪时间里，边地异域独有的风情与底层民众言说不尽的境遇，让艾芜收获了最宝贵的财富，在不经意间为自己垒砌了文学创作的基石。1932年，艾芜到上海后加入中国左翼作家联盟，开始文学创作。那段被称作"墨水瓶挂在脖子上"的漂泊生涯，最终成就了《南行记》。在以短篇小说集《南行记》、散文集《漂泊杂记》为代表的"流浪文学"中，艾芜用细腻的笔触将滇缅边地的风情、底层民众的生活以及他们的抗争娓娓道来，就此开拓了"边地文学"的新文学题材领域。《南行记》是艾芜的处女作，也是他的全部创作中成就最高、影响最大、最有艺术魅力的作品，同时也被视为中国现代文学史上最具特色的流浪小说。郭沫若、茅盾、周扬、胡风、周立波等名家以及各种现代文学史和论著都给予其作品很高的评价。至

于艾芜本人,鲁迅称赞艾芜是"中国最有希望的青年作家之
一",巴金说:"艾芜是中国最杰出的作家之一,也是家乡人民
的骄傲。"

人 间 岁 月

2019 年年初建成的艾芜纪念馆用八个专题对艾芜的一生
进行了描述,即:南行源故乡清流、人生探索漂泊中、"左翼"文
坛一新人、避难宁远江上行、桂林创作大丰收、在重庆苦干迎
新、住进北京十二年、叶落归根近三十载。其中第二个专题
"人生探索漂泊中"定位的是艾芜 1925 年至 1931 年间的滇缅
经历。不过,探索漂泊何尝不是他一生的状态呢?

1931 年,艾芜在上海邂逅了自己早年在四川省立第一师
范学校的同学沙汀,他们互相激励,一起从事文学创作。在小
说创作中遇到困惑的两位文学青年,联名写信向鲁迅先生请
教有关小说题材的问题。在鲁迅先生的指导下,艾芜尝试向
左联机关刊物《北斗》投寄稿件,并由此结识了郑伯奇、丁玲、
冯雪峰及叶以群等一批左联知名作家,最终于 1932 年走进左
联。在艾芜来到上海的同一年,湖南姑娘王蕾嘉从上海商学
院毕业,加入了左联领导的进步诗歌团体——中国诗歌会,从
事左联的诗歌大众化普及工作。经常在《新诗歌》上发表诗作
的王蕾嘉很快成为左联的知名诗人。1934 年夏末,在左联友

人的穿针引线下,在思想、感情、兴趣、爱好尤其文学方面拥有着共同语言的艾芜与王蕾嘉走进了婚姻。十年前,正是为了逃避无爱的被包办的婚姻,艾芜选择出走,一路前行。十年后,艾芜拥有自己选择的伴侣,走进弥漫爱意的婚姻,一路欢歌与艰辛相伴。婚后不久,国民政府不断迫害进步文化人士。为防不测,艾芜与王蕾嘉不得不隐蔽起来。艾芜携妻子离开上海经南京到了济南。1935 年 6 月,艾芜与王蕾嘉的第一个女儿在济南降生。从 1934 年结婚到 1992 年艾芜病逝,王蕾嘉陪伴了艾芜半个多世纪,他们的爱情、婚姻、家庭经受了苦难和离别的考验。然而,无论怎样的考验,艾芜都携着妻儿像一条河一样,向前流淌,快乐歌唱。

在逃亡的岁月里,作为父亲,艾芜给了孩子们最大限度的安全感与温暖。在《难民哀话》里,艾芜说:"在淡黄落日光中,看见她们逐渐消失的影子,我禁不住深深地祝福她们!"事实上,现实中的艾芜境遇也未见得好多少。他带着一家人逃避战乱至桂林火车站,好说歹说为家人在挤满伤兵、四周没有遮栏的平板车上寻觅出一小块地方。为防止意外,他用绳子将孩子们圈住,生死就在一"绳"之间。然而,很多年之后,艾芜三子汤继泽在回忆这段岁月时,这样写道:

　　　　白鹤林,名副其实。花溪河对岸,清翠欲滴的田野与葱绿的远山之间,有数十个白点在缓缓移动,远离人烟的野鹤在悠闲觅食。这里白天夜晚静悄悄,阴天漾漾细雨山岚烟云笼罩四野更是如此,偶尔几声犬吠划破夜的寂静。黄昏,红色紫色的云霞将花溪河面染成瓣瓣桃花;傍晚,百鸟归巢,晚霞西落……

这段时间开心的事是跟父亲去赶集。……集市上人来人往,只见许多脚在眼前晃动,有穿草鞋的,有打光脚的。没有玩具糕点,不过每次赶集末了父亲都要请我吃一样东西,四方桌子三边空,一碗面里半碗红。集市散了,偏远的山乡又恢复往日的平静。回家路上,父亲难得悠闲自在。谁也不会注意到跟在他后面的小孩一面回头张望一面深呼吸,这是小时候唯一有舌头参加留下的记忆。

敌机轰炸之下,依然有白鹤林花溪河的风景;朝不保夕之间,依然有一碗面半碗红的滋味。美景美食之所以没有不辜负,跨越岁月的长河,而后成为慰藉生命的记忆——这一切都是因为孩子们拥有一位像一条河一样的父亲,一路前进,一路欢歌。

他 山 之 "玉"

正是漂泊赋予了生命一层传奇的色彩。从四川到云南,再经由边陲至缅甸,辗转马来西亚、新加坡之后,经由香港被送回国内,在上海、桂林、重庆、北京等地与民众共同经历苦难。抗日战争全面爆发后,艾芜担任中华全国文艺界抗敌协会桂林分会理事。1944 年由桂林逃难到重庆,写完著名长篇小说《故乡》。解放战争期间,国民党在重庆大肆抓捕民主人士。1947 年,艾芜从重庆逃到上海,完成长篇小说《丰饶的原野》,反映了国统区劳动群众的苦难、抗争和追求。1949 年后,艾芜先后任重庆市文化局局长、中国作家协会顾问、全国文联委员等职,完成长篇小说《百炼成钢》,表现工人在革命熔炉里经受冶炼,成为社会主义新人的历程。

就像艾芜自己写到的,"人应像一条河一样,流着,流着,不住地向前流着;像河一样,歌着,唱着,欢乐着,勇敢地走在这条坎坷不平、充满荆棘的路上"。向前流淌,快乐歌唱,多么美好的人生状态。

河是喜欢走着不平的道路的。艾芜也是。他一生都在探索中行走,像河流一样不住地向前流淌,当然,也像河流一样欢乐地歌唱。

第四篇

人间至味是清欢

家庭是我们自己的小天地，我们在这里制定自己的生活法则，在这里播种幸福的种子，灌溉快乐的秧苗，并将它们散布到世界的大园圃中。

——让·弗朗索瓦·米勒

　　雪沫乳花浮午盏，蓼茸蒿笋试春盘。人间有味是清欢。

——苏轼《浣溪沙·细雨斜风作晓寒》

　　人生中最美好、最令人满足的东西或体验，就是那种纯净、明亮、无杂念的状态。而人生中最美好的事物就是在纯净无杂念、心灵愉悦的状态中获得的欢愉和满足。

　　在家庭教育与熏陶中，如何实现心灵的宁静和舒适，如何在纷繁喧嚣的世界里通过追求内心的平静和喜悦来获得真正的快乐和满足，一直是许多有悟性、有灵性的人所追求的人生境界。如何让孩子领悟人生的价值和意义，不仅仅在于物质的追求和外在的成就，更在于内心的富足和平和，是他们的最高人生目标。

第一章

老舍 ▶ 最美不过烟火气

一岁半，我把父亲"克"死了。

……母亲终年没有休息，可是在忙碌中她还把院子屋中收拾得清清爽爽。桌椅都是旧的，柜门的铜活久已残缺不全，可是她的手老使破桌面上没有尘土，残破的铜活发着光。院中，父亲遗留下的几盆石榴与夹竹桃，永远会得到应有的浇灌与爱护，年年夏天开许多花。

与母亲相依为命的是我与三姐。因此，她们做事，我老在后面跟着。她们浇花，我也张罗着取水；她们扫地，我就撮土……从这里，我学得了爱花，爱清洁，守秩序。这些习惯至今还被我保存着。

有客人来，无论手中怎么窘，母亲也要设法弄一点东西去款待。舅父与表哥们往往是自己掏钱买酒肉食。这使她脸上羞得飞红，可是殷勤的给他们温酒作面，又给她一些喜悦。遇上新家中有喜丧事，母亲必把大褂洗得干干净净,亲自去贺吊——一份礼也许只是两吊小钱。到如今为止我的好客的习性,还未全改,尽管生活是这么清苦,因为自幼儿看惯了的事情是不易改掉的。

……

我对一切人与事,都取和平的态度,把吃亏看作当然的。但是,在做人上,我有一定的宗旨与基本的法则,什么事都可将就,而不能超过自己划好的界限。我怕见生人,怕办杂事,怕出头露面;但是到了非我去不可的时候,我便不敢不去,正像我的母亲。从私塾到小学,到中学,我经历过起码有廿位教师吧,其中有给我很大影响的,也有毫无影响的,但是我的真正的教师,把性格传给我的,是我的母亲。母亲并不识字,她给我的是生命的教育。

——老舍《我的母亲》

平 生 辉 煌

清光绪二十五年(1899),老舍出生在北京内城小羊圈胡同满族正红旗一个底层护军的家庭。1900 年(光绪二十六年),"八国联军"在英国海军将领西摩尔的率领下大举入侵,直逼北京。在慈禧太后与光绪帝化装出逃的同时,京师八旗兵和义和团将士们,跟联军进行了浴血奋战。老舍的父亲舒永寿在正阳门激战时被严重烧伤,最后喋血殉国。母亲舒马氏靠替店铺伙计和屠夫们浆洗缝补衣裳维持自己和四个孩子在内的一家人生计。

1908 年,老舍 9 岁的时候,得到祖上旧交刘寿绵的资助,始入私塾、小学接受教育。1913 年,出类拔萃的老舍考入京师第三中学,然而,不久就因经济困难不得不退学。同年,老舍考取了学膳、着装等全部公费的北京师范学校预科,1914年入本科。1918 年,未满 19 周岁的老舍,以该届第 5 名的优等成绩毕业,被分配到京师第十七高等级国民小学担任校长。在父亲阵亡后,五四运动再次唤醒老舍的民族意识,为他的人生与文学之路打上了时代色彩与爱国基调。1920 年,老舍调任郊外北区劝学员,负责掌理包括西直门外、德胜门外、安定门外、东直门外等大片区域的地方设学事务,待遇优厚。在职期间,老舍恪尽职守,曾打报告要求惩治奸商与解散非法私塾十余处,但是由于很难和教育界及地方上的旧势力共事,老舍不久便主动辞去劝学员职务,重新回到学校教书。

1924 年,老舍赴英国伦敦大学亚非学院教授古文和官话,并开始发表长篇小说,《老张的哲学》《赵子曰》《二马》陆续问世。上海的《小说月报》及时地登出了《老张的哲学》和《赵子曰》,远在英伦的年轻小说家舒庆春——老舍,凭借对民族文化的深刻反思,得到国内文坛的关注与好评。在英国教书期间,老舍已成为一名合格的作家。1932 年回国后,面对江河日下的国事,老舍创作了《猫城记》,表达了挽救式微文化和衰弱国家的强烈愿望。此后几年,老舍陆续创作了《离婚》和《月牙儿》等在现代文学史上具有重要地位的作品。1934 年起,老舍乔居青岛,先在山东大学任教,后于 1936 年辞去山东大学教授一职,专心从事写作,同年 9 月,老舍长篇小说代表作《骆驼祥子》问世。《骆驼祥子》全稿杀青时,老舍表示:"这是一本最使我满意的作品。"研究者认为:"《骆驼祥子》这部现代庶民文学永不褪色的经典之作,与茅盾的《子夜》和巴金的《家》鼎足而三,共同托起了中国现代小说艺术殿堂的巍峨拱顶。"

抗战全面爆发后,老舍怀着强烈的爱国情感,辞别妻儿,只身前往武汉,投入文艺界的抗日洪流。1938 年,老舍被选为中华全国文艺界抗敌协会总务部主任,全面推动抗战文艺活动,一直到抗战取得彻底胜利。与此同时,老舍笔耕不辍,完成了长篇小说《火葬》和《四世同堂》的第一部《惶惑》、第二部《偷生》等著作以及鼓舞大众投身抗战的戏剧、曲艺作品。应美国国务院之邀,1946 年,老舍和曹禺赴美讲学,期间写就《饥荒》,最终完成了百万字的《四世同堂》。回国后,老舍举家迁入迺兹府大街丰盛胡同 10 号的一座北京旧式四合院,在这度过了他一生中的最后 17 年,并完成了包括《龙须沟》《茶馆》《正红旗下》等在内的许多作品。

1951 年 12 月 21 日,为表彰老舍创作《龙须沟》对教育人民和政府干部的贡献,根据北京市人民政府委员会第 8 次会议的决定,北京市人民政府召开市人民政府委员会和各界人民代表会议协商委员会联席会议,授予老舍"人民艺术家"称号。

人间岁月

　　家庭生活给予老舍无限的回忆与感怀。那些在日常养成的饮食起居的习惯和待人接物的做派,被老舍视为母亲给自己的生命教育。成年后,老舍对平和温馨的家庭生活充满深情,与他早年的经历密不可分。在《我的理想家庭》里,37 岁的老舍写道:

> 　　我的理想家庭要有七间小平房……人口自然不能很多:一妻和一儿一女就正合适。先生管擦地板与玻璃,打扫院子,收拾花木,给鱼换水,给蝈蝈一两块绿黄瓜或几个毛豆;并管上街送信买书等事宜。太太管做饭,女儿任助手——顶好是十二三岁,不准小也不准大,老是十二三岁。儿子顶好是三岁,既会讲话,又胖胖的会淘气。母女于做饭之外,就做点针线,看小弟弟。大件衣服拿到外边去洗,小件的随时自己涮一涮。

　　安居乐业、举案齐眉、母慈子孝、兄友弟恭……在乱世中显得弥足珍贵,以至成为一种"理想",难以企及。早在 1930 年初春,还在北京师范学校就读的胡絜青来到西城烟筒胡同白涤洲先生家中邀请刚从英国回国的老舍到校座谈文学。拥有相同志趣和习惯的两人相识后,经过频繁的书信交流,于1931年7月29日在北京成婚。婚后,二人育有舒济、舒乙、舒雨、舒立三女一儿。但是,老舍与妻小并没有过上如其期待的那般平和温馨的理想生活。舒乙回忆早年与老舍的生活片段,令人不禁潸然:

> 他对孩子们的功课和成绩毫无兴趣,一次也没问过,也没辅导过,采取了一种绝对超然的放任自流的态度。他表示赞同的,在我当时看来,几乎都是和玩有关的事情,比如他十分欣赏我对书画有兴趣,对唱歌有兴趣,对参加学生会的社会活动有兴趣。他很爱带我去访朋友,坐茶馆,上澡堂子。走在路上,总是他拄着手杖在前面,我紧紧地跟在后面,他从不拉我的手,也不和我说话。我个子矮,跟在他后面,看见的总是他的腿和脚,还有那双磨歪了后跟的旧皮鞋。就这样,跟着他的脚印,我走了两年多,直到他去了美国。现在,一闭眼,我还能看见那双歪歪的鞋跟。我愿跟着它走到天涯海角,不必担心,不必说话,不必思索,却能知道整个世界。

在儿子舒乙看来,老舍不同于老一辈人,作为父亲的老舍既不是典型的慈父,也不是严厉得让孩子望而生畏的人,他是复杂的,更是平和的,一如他对纷乱的时局与颠沛的境遇。虽说这复杂的背后，多少与一言难尽、错综复杂的情感纠葛存在千丝万缕的联系，但是，老舍在幼小的舒乙心中留下的最终仍然是一个潇洒从容、顶天立地的父亲形象——我愿跟着他走到天涯海角，不必担心，不必说话，不必思索，却能知道整个世界。

梁实秋说："老舍对待谁都是一样的和蔼亲切，存心厚道，所以他的人缘好。"1944 年 4 月 17 日，重庆各界为老舍庆贺 45 岁生日暨创作活动 20 周年。当天，郭沫若、黄炎培、梅贻琦、茅盾、董必武、沈钧儒等数十位知名人士到会，郭沫若在他赠给老舍的祝诗中写道："二十年文章入冠，我们献给你一顶月桂之冠。"茅盾说："老舍先生置个人私事于不顾，尽力谋'文协'之实现。如果没有老舍先生的任劳任怨，这一件大事——抗战的文艺家的大团结，恐怕不能那样顺利迅速地完成，而且恐怕也不能艰难困苦地支撑到今天了。这不是我个人的私言，也是文艺界同人的公论。"老舍也致了答词："二十年，历尽艰苦，很不容易，但是拉洋车做小工也不容易，我定要用笔写下去，写下去。"作为一个专业作家，老舍把写作当成终身事业，对自己要求又非常严格，每天只能写二千字，让孩子们在无形中对父亲产生了一种崇敬的心理。

他 山 之 "玉"

在老舍的笔下与心中，家与家人是这样的："男的没有固定的职业,只是每天写点诗或小说,每千字卖上四五十元钱,女的也没事做,除了家务就读些书。儿女永不上学,由父母教给画图,唱歌,跳舞——乱蹦也算一种舞法——和文字,手工之类。"在孩子的学业问题上,老舍表现出了极大的自由度,从来不会因为孩子学习成绩不好而发脾气。当最小的女儿舒立因为数学只考了 60 分回家哭鼻子的时候,老舍扬起眉毛:"60分? 60 分也很高嘛! 你比爸爸好嘛,我小时候的数学还净不及格呢!"当父亲反被女儿追问考不上大学怎么办的时候,老舍笑着说:"考不上大学,你就待在家中好了,我来教你英文!"

老舍的教育理念,即便搁在今天来看,也是非常洒脱的。相对于如今波涛汹涌的育儿焦虑,老舍在教育孩子过程中的松弛感与淡定实在令人神往。当然,子女教育的背后,更深层的是一个人的价值观念。日子简简单单,生活平平淡淡——那些人们没太在意的平常日子往往成为人们生命中最厚重的积淀,赋予人生最值得回顾的滋味。

老舍没说,但他就是这么做的。1949 年,老舍应邀回国后,用 100 匹白布买下了北京东城丰富胡同 19 号的一个小院儿,将家人从重庆迎到北京团圆。妻儿们发现静谧的院落里点缀着盛放的菊花,姹紫嫣红,温馨而又平和,就像老舍一直渴望的生活。

第二章

俞平伯 ▶ 不必客气

　　我们认为一个人对于自己的生命与生活,应该可以有一种态度,一种不必客气的态度。

　　谁都想好好的活着的,这是人情。怎么样才算活得好好的呢?那就各人各说了。我们几个人之间有了下列相当的了解,于是说到"吾庐"。

　　一是自爱,我们站在爱人的立场上,有爱自己的理由。二是平和,至少要在我们之间,这不是一个梦。三是前进,唯前进才有生命,要扩展生命,唯有更前进。四是闲适,"勤靡余暇心有常闲"之谓。在此,我们将不为一切所吞没。

　　假如把捉了这四端,且能时时反省自己,那么,我们确信尘世的盛衰离合俱将不足间阻这无间的精诚;"吾庐"虽不必真有这么一个庐,已切实地存在着过了。

　　这是一种思想的意志的结合,进德修业之谓;更是一种感情的兴趣的结合,藏修息游之谓。生命至脆也,吾身至小也,人世至艰也,宇宙至大也,区区的挣扎,明知是沧海的微沤,然而何必不自爱,又岂可不自爱呢。

——俞平伯《代拟吾庐约言草稿》

平 生 辉 煌

清光绪二十六年(1900),俞平伯出生在江苏苏州一个诗礼簪缨的家庭。曾祖父俞樾,道光三十年(1850)进士,晚清著名文学家、经学家、古文字学家、书法家,曾任翰林院编修,所著《春在堂全书》凡五百余卷。父亲俞陛云幼承家学,受祖父俞樾的亲自指导,在文学、书法方面都有很高的建树。光绪二十四年(1898),俞陛云戊戌科中进士后参加殿试,与夏同龢、夏寿田同登戊戌科进士前三名,以一甲三名赐探花及第,授编修,有《小竹里馆吟草》《乐静词》《诗境浅说》《唐五代两宋词选释》等著作。俞樾的两个儿子因为种种原因难以继承父业,孙子俞陛云在有了俞珐、俞玫、俞琳三个女儿之后,才有了儿子俞平伯。如此一来,作为唯一的曾孙,俞平伯深得曾祖父的宠爱。在俞平伯三岁时,耄耋之年的曾祖父赠予其一副对联——培植阶前玉,重探天上花,对曾孙寄予了厚望。在中国现代文坛的群星中,拥有俞平伯这般煊赫家学的着实不多,而自幼接受文化熏陶的俞平伯也打下了广博而雄厚的旧学底子。

1915 年,俞平伯由苏州平江中学考入国立北京大学文学系预科。在新文化运动从兴起走向蓬勃发展的时期,俞平伯受到了五四新文化运动的洗礼。1918 年,俞平伯的第一首新诗《春水》和鲁迅的小说《狂人日记》一起刊登在《新青年》上;同年,他与同学傅斯年、罗家伦等人发起成立了新潮社。1919 年,俞平伯从北京大学毕业,此时已经成为中国白话诗创作的先驱者之一。1920 年,俞平伯在杭州结识了朱自清。1921 年,经郑振铎介绍,俞平伯加入了文学研究会。此后的 1922 年,俞平伯又与刘延陵、叶圣陶、朱自清等人于上海创办五四以来最早的诗刊《诗》月刊,并出版了自己的第一部新诗集《冬夜》。

在很大程度上受益于家学,俞平伯古典文学研究功底深厚,上自《诗经》《楚辞》,下至清人的诗词都广为涉猎,并在清华大学、北京大学讲授清词、戏曲、小说及中国诗歌名著选等课目,诗词、散文著作宏富。1923 年,俞平伯出版了他的第一部、也是奠定他红学学术地位的专著《红楼梦辨》,在作者、作者家世、著书时代、版本等考证的基础上,指出《红楼梦》原书只有前八十回是曹雪芹所作,后四十回是高鹗续作,与早在 1921 年发表《红楼梦考证》的胡适一同被视为新红学的奠基人,开启了《红楼梦》文学批评的新模式。

五四退潮后,俞平伯在文学创作上从平民化的"诗"走向言志的"文"。他的五部散文集《杂拌儿》《燕知草》《杂拌之二》《古槐梦遇》《燕郊集》都出版在这一时期。其中《桨声灯影里的秦淮河》《陶然亭的雪》《西湖六月十八夜》均堪称中国现代散文名篇。

1924 年，俞平伯结识昆曲艺术家陈延甫，受邀至老君堂学习顾曲、拍曲与度曲。十年后的 1934 年，俞平伯二邀陈延甫北上，清华园"秋荔亭"里，浦江清、沈有鼎等高朋满座，雅音不绝。1935 年 3 月 17 日，取"空谷传声，其音不绝"之意的谷音社成立，俞平伯被推为社长，亲自撰写《谷音社社约》，明确"涵咏风情，陶写性情"的趣味，对昆曲曲谱进行收集、传抄、校对和保护，自觉承担起了拯救昆曲的责任。

1952 年，俞平伯在《红楼梦辨》的基础上出版了《红楼梦研究》。1954 年 3 月，俞平伯在《新建设》第 3 期上发表了《红楼梦简论》，对自己的学术观点进行陈述。李希凡和蓝翎在 1954 年 9 月 1 日出版的山东大学报刊《文史哲》第 9 期发表《关于〈红楼梦简论〉及其他》，向"新红学"权威俞平伯挑战。一场梦魇随即开始。1955 年 3 月 15 日，《文艺报》半月刊第五期刊登了俞平伯《坚决与反动的胡适思想划清界限——关于有关个人〈红楼梦〉研究的初步检讨》。梦魇醒来，前尘倦说。

在经历"《红楼梦研究》批判"之后，俞平伯对昆曲的兴致日渐浓郁。1956 年，俞平伯在时任文化部副部长丁西林和北京市副市长王昆仑等人的帮助下，第二次发起昆曲结社——北京昆曲研习社。俞平伯对《牡丹亭》进行整理、校订、改编与排演，以全本的形式恢复了其舞台生命。1958 年，《牡丹亭》在北京上演，纪念汤显祖逝世 340 周年。1959 年 10 月再次上演,作为向中华人民共和国成立 10 周年的献礼。

丝竹再起的时候,俞平伯已经是一位古稀老人。

人 间 岁 月

1918 年,十八岁的俞平伯在舅父许引之和母亲许之仙的联动下,迎娶了年长自己四岁的表姐许宝驯。许引之,清末民初杭州著名的学者、实业家,曾任两浙盐运使、京奉铁路总办、浙江中国银行行长、直隶烟酒公卖局局长、浙江烟酒政务局局长等职,为人儒雅,声望甚高。许引之的女儿许宝驯端庄俊秀,温婉贤淑,琴棋书画,无所不通。北大一毕业,俞平伯就回到了杭州第一师范学校执教,与妻子朝夕相伴。舅父,同时也是岳父的许引之,对这个外甥,同时也是女婿的俞平伯非常欣赏。赴杭任职期间,许引之喜爱与女儿女婿一家住在一起。嗜好很多、性情极厚的许引之带着女儿女婿一起逛街,一起下馆子吃螃蟹,甚至一次就买来"几十盆红黄错杂的菊花"。回忆杭州西子湖畔孤山俞楼里的日子,俞平伯写道:

> 老实说,打橘子及其前后这一段短短的生涯,恰是我的青春的潮热和儿童味的错综,一面儿时的心境隐约地回旋,却又杂以无可奈何的凄清之感。唯其如此,不得不郑重丁宁地致我的敝帚千金之爱惜,即使世间回响寂寞

已万分。

此时的俞平伯与许宝驯已经有了两个女儿俞成、俞欣。妻子由内妹陪护。这是一段且歌且舞、春风得意的婚后生活，所谓的"凄清之感"更多来自于多年之后回望往事的云烟与曾经沧海的感喟，或者干脆就是文人性格中的一层越洗越重的底色。至于"青春的潮热和儿童味的错综"倒是真真切切萦绕了俞平伯一生。

1920 年 1 月，俞平伯赴英留学。听说俞平伯要留学，家人很不放心坚决不同意。直到听说与傅斯年同行，全家这才准允。傅斯年当年 24 岁，比俞平伯大 4 岁。在家人看来，为人处世较俞平伯老练得多的傅斯年，不仅是俞平伯的同窗好友，更像是俞平伯的老大哥，在异国他乡可以关照他们的俞平伯。不承想，抵达英国不到一个月，俞平伯突然离去。当俞平伯乘坐日本轮船到达法国马赛港时，傅斯年从英国伦敦匆匆赶来，终于在港口将其拦住并对他加以劝阻。令人忍俊不禁的是，傅斯年苦劝未果，俞平伯于当年四月回到了杭州。后来，傅斯年在致胡适（时任北大教授）的信中写道：

> 他到欧洲来，我实鼓吹之，竟成如此之结果，说不出如何难受呢！平伯人极诚重，性情最真挚，人又最聪明，偏偏一误于家庭，一成"大少爷"，便不得了了；又误于国文，一成"文人"，便脱离了这个真的世界而入一梦的世

界。我自问我受国文的累已经不浅，把性情都变了些。如平伯者更为长叹。

俞平伯提到当年匆促回国时说："时余方弱冠，初作欧游，往返程途六万许里，阅时则三月有半。而小住英伦只十二、三日，在当时留学界中传为笑谈。"笑就笑吧，人生不能"太客气"。俞平伯为人们展示了风云激荡的年代里，作为个体的文人拥有另一种生态的可能性。傅斯年口中之所谓"大少爷"与其说是一种责备，不如说是对不免孩子气的俞平伯一种兄长般的宠爱，是对一种天真与率性的最大限度的忍耐与包容。正像叶圣陶的孙子叶兆言写到的："说他五谷不分四肢不勤，大约算不上冤枉。俞先生是我所见到的老人中，最有少爷脾气的一位。说到他，大家就觉得好笑，因为少爷脾气说白了还是孩子气。"这种少爷脾气或者孩子气，似曾相识：1 500 多年前的一个雪夜，王子猷居山阴，夜雪眠觉，忆戴安道，乘舟就之，乘兴而行，兴尽而返。

他山之"玉"

煊赫的家世、过人的才学、幸福的婚姻，俞平伯成为中国现代文人中独特的一位——至少在生活中，与同样饱经岁月沧桑的其他人不同，俞平伯总能在勤靡余劳之外，心有常闲，

保有一种"不必客气"的少爷脾气。即便是做父母,俞平伯也是毫不"客气"地自爱且爱人:

> 在儿女未成立以前最需要的是积极的帮助,在他们成立以后最需要的是消极的不妨碍。他们需要什么,我们就给他们什么,这是聪明,这也是贤明。

贤明之于父母,本自于慈,是一种传统与文化,一种本能与惯性。"聪明"一说,则出于俞平伯一家之言,其本质恰在于养育子女过程中在"勤靡余劳"之外,始终能意识到"心有余闲"的妙处与可贵。

俞平伯的外孙韦奈自 2 岁起便与外公生活在一起,长达 40 多年。当回忆起与外公在一起的生活,韦奈写道:

> 要说到快乐,除了学习之外,就太多了。最起码,因为他特别喜欢吃,我们也就多了口福。记得他刚从干校回到北京那天,行李还没摆稳,就让我去北京新侨饭店买"炸猪排""罐焖牛肉"什么的,他吃,我们不也跟着沾光儿了? 他有一句名言告诉我说:"韦奈,你记住,好菜不怕等。"哈哈,我记住啦。

人生一世,草木一秋,面对至脆的生命与至艰的人世,俞平伯告诉后人,至小的吾身何必不自爱,又岂可不自爱呢。

第三章

巴金 ▸ 隐没进芸芸众生

关于说真话，各人有各人的想法。有人说现在的确有要求讲真话的必要，也有人认为现在并不存在说真话的问题。我虽然几次大声疾呼，但我的意见不过是一家之言，我也只是以说真话为自己晚年奋斗的目标。

说真话不应当是艰难的事情，我所谓真话不是指真理，也不是指正确的话，自己想什么就讲什么；自己怎么想就怎么说——这就是说真话。你有什么想法，有什么意见，讲出来让大家了解你。倘使意见相同，那就在一起作进一步的研究；倘使意见不同，就进行认真讨论，探求一个是非。这样做有什么不好！

可能有不少的人已经这样做了，也可能有更多的人做不到这样。我只能讲我自己。在我知道话有真假之分的时候，我就开始对私塾老师、对父母不说真话。对父母我讲假话不多，因为他们不大管我，更难得打我。我父亲从未打过我,所以我常说他们对我是"无为而治"。他们对我亲切、关心而且信任。我至今还记得一件事情。有一年春节前不久,我和几个堂兄弟要求私塾老师提前两天放年假,老师对我父亲讲了。父亲告诉母亲,母亲就说:"老四不会在里头。"我刚刚走进房间,听见这句话连忙转身溜走了。母亲去世时我不满十岁,这是十岁以前的事。几十年来我经常想起它,这是对我最好的教育,比板子、鞭子强得多:不辜负别人的信任。在十年浩劫中我感到最痛苦的就是自己辜负了读者们的信任。

对私塾老师我很少讲真话。因为一,他们经常用板子打学生;二,他们只要听他们爱听的话,你要听什么,我们就讲什么。编造假话容易讨老师喜欢,讨好老师容易得到表扬。对不懂事的孩子来说,这样混日子比较轻松愉快。我不断地探索讲假话的根源,根据个人的经验,假话就是从板子下面出来的。

——巴金《说真话之四》

平 生 辉 煌

清光绪三十年(1904),巴金出生在四川成都的一个封建官僚地主家庭。巴金一出生就被他的家族寄予了光宗耀祖的厚望。六岁的时候,巴金因父亲出任四川广元知县而随同前往广元,在县衙内家塾就读,除随先生学习《三字经》《百家姓》《千字文》《古文观止》等传统蒙学读物外,亦在晚间从母亲学读《白香词谱》。然而,旧家族的沉重与沉痛最终将巴金推向了新社会。1923 年,19 岁的巴金受到五四新思潮的影响,去往上海、南京等地求学,就此与封建家族作别。

1927 年,巴金远赴法国巴黎求学,一年之后回到上海,开始文学编辑和创作。从 1931 年发表《雾》,到 1940 年发表《秋》,巴金用整整十年的时间完成了自己早期文学创作生涯的代表作"爱情三部曲"(《雾》《雨》《电》)、"激流三部曲"(《家》《春》《秋》)。《家》是"激流三部曲"中艺术成就最高的一部长篇小说,是巴金呼吁自由、民主、尊重人格、人性解放的最鲜明的一面旗帜。巴金说:"我不要单给我们的家庭写一部特殊的历史,我所要写的应该是一般的封建大家庭的历史,这里面的主人公应该是我们在那些家庭里常常见到的,我要写这种家庭怎样必然地走上崩溃的路,走到它自己亲手掘成的墓穴。我要写包含在那里面的倾轧、斗争和悲剧。我要写一些可爱的年轻的生命怎样在那里面受苦、挣扎、而终于不免灭亡……我写《家》的动机也就在这里。"很多年后,在巴金离开这个世界的当天深夜,另一位年轻的作家余华在博客上写道:"后来我自己写小说了,我也写下了几个家庭的故事。今天回想起来,我觉得这是巴金对我的影响……巴金的《家》永久地揭示了我们中国人的生存方式。"在中国现代文学史上,《家》占据着重要的地位并拥有巨大的读者群和影响力,入选 20 世纪中文小说 100 强,位列第八位。

抗战全面爆发后,巴金担任《救亡日报》编委,与茅盾共同主编《呐喊》(后改名《烽火》)杂志。1938 年,巴金加入中华全国文艺界抗敌协会并当选为理事。从 1940 年开始,巴金辗转于昆明、重庆、成都、桂林、贵阳等地,从事抗日文化宣传活动。1949 年 7 月,巴金参加中华全国文学艺术工作者代表大会,当选为文联委员。1949 年后曾任中国文联第三、四届副主席,中国作家协会第二、三届副主席及第、四、五届主席,中国作家协会上海分会主席,上海市文联主席,《文艺月报》《上海文学》《收获》主编等职。进入新时期,巴金"浴火重生"。1981 年 12 月,在中国作协第三届理事会第二次会议上,巴金被选为主席,并一直担任这个职务到 2005 年 10 月 17 日逝世。巴金是继茅盾之后第二任中国作协主席。

1978 年底,巴金在香港《大公报》开辟《随想录》专栏,从 1978 年 12 月 1 日写下第一篇《谈〈望乡〉》到 1986 年 8 月 20 日写完最后一篇即第一百五十篇《怀念胡风》,巴金历时八年完成了心灵拷问与灵魂救赎,被誉为"二十世纪中国文学的良心"。人民文学出版社从 1980 年开始到 1986 年出版的《随想录》《探索集》《真话集》《病中集》和《无题集》五集,作为巴金新时期最重要的著作,树立起中国当代散文创作的"里程碑"。

人 间 岁 月

在战火纷飞的 1944 年,辗转抗日的巴金在贵阳花溪迎娶了萧珊。年届不惑的巴金走过了自由恋爱,走进了圆满婚姻,在婚姻中投入了专注与深情。冰心曾经在追思友人时给予了巴金很高的评价,"我的文人朋友多了,像梁实秋他们,要说才情什么的,他们都有,就是没有巴金这个专一,我最佩服他的也就是这一点,我最喜欢他的也就是这一点。"冰心欣赏梁实秋,然而,她却不愿接受程季淑去世后梁实秋再娶韩菁清,认为他"还是过不了这一关"。也许正因为如此,冰心只把梁实秋作为一般朋友,而她和巴金的深厚友情在文坛尽人皆知:从20 世纪 30 年代相识,60 多年来一直以姐弟相称。

巴金与萧珊婚后育有两个孩子:女儿李小林和儿子李小棠。巴金对两位儿女的教育极其严格,常常教导他们要踏实做事,低调做人,不要张扬自己的身份。李小林毕业于上海戏剧学院文学系,后来成为大型纯文学杂志《收获》的主编。相对于隐蔽在作家与作品背后的编辑工作,李小林极少写文章,也不习惯出现在公众视野中。无论对谁,她对自己职业的描述都是简单的两个字:编辑。李小棠 1982 年毕业于复旦大学中文系,毕业后分配到上海市政协文史资料编辑室担任编辑工作,一干就是 20 多年。姐弟二人在日常工作中,没让几个人知道"人民作家"、中国作协主席巴金就是他们的父亲。据说,巴金90岁生日,时任上海市政协主席的陈铁迪登门拜访,惊奇地发现自己的下属李小棠也在场。她好奇地问:"你怎么也来了?"这时有人告诉她:小棠,是巴金的儿子。低调地做一个普通人,隐没进芸芸众生,他们快乐地做到了。

1999年6月9日,北京天文台施密特CCD小行星项目组以8315号小行星发现者的身份向国际小行星中心申报,经国际天文联合会下属的小天体命名委员会的批准,该小行星被命名为"巴金星",这是一项崇高的国际性永久荣誉。在此之前,巴金曾获1982年意大利国际但丁奖、1983年法国荣誉军团勋章、1985年美国文学艺术研究院名誉外国院士称号、1990年苏联人民友谊勋章。进入21世纪,为弘扬巴金把文学创作与社会责任感统一的崇高精神,国务院于2003年11月18日授予巴金"人民作家"荣誉称号。

在被授予"人民作家"称号的后一周,由中国作家协会、中共上海市委宣传部、统战部主办的"巴金在上海——巴金先生百岁华诞图片文献展"在上海图书馆揭幕,上海各界人士当天下午汇聚一堂,"以文学的名义"为巴金老人庆祝生日,就巴金的文学成就、学术成果和创作道路进行深入的研究和探讨。巴金的女儿李小林则代表父亲表达了过生日的想法:不主张大张旗鼓的活动,这种静悄悄的展览,最符合父亲的意愿。巴金去世后,上海作家协会有关人员为纪念巴金,提出两个建议:一是把"上海文学发展基金会"改名为"巴金基金会",二是设立"巴金文学奖"。李小林得知这一消息,明确拒绝上海作协关于设立"巴金文学奖"的提议,她说,父亲生前为人非常低调,不喜欢如此张扬。

他山之"玉"

在恢宏曲折的 101 年生命历程里,谦逊与内敛始终陪伴着巴金。"真正的快乐,不是狂喜,亦不是苦痛,在我很主观的来说,它是细水长流,碧海无波,在芸芸众生里做一个普通的人。"巴金的这句话,既是他自己一生的追求,也是他留给家人及一代又一代年轻的读者们最宝贵的财富。

巴金原名李尧棠,字芾甘,取自《诗经》中《召南·甘棠》首句"蔽芾甘棠"。"巴金"是 1928 年创作小说《灭亡》时才开始使用的笔名。据巴金回忆:"我当时正在翻译克鲁泡特金的《伦理学》,我看到了'金'字,就在稿本上写下来。在这时候我得到了一个朋友自杀的消息,这个朋友姓巴,我和他在法国 Cha-teau-Thierry 同住了一个不长的时期。他就是我在《死去的太阳》序文中所说的'我的一个朋友又在项热投水自杀'的那个中国留学生。我们并不是知己朋友,但是在外国,人多么重视友情。我当时想到他,我就在'金'字上面加了一个'巴'字。从此'巴金'就成了我的名字。"相较于"巴金"这个自我选择的笔名,家族赋予的"尧棠"或者"芾甘",反倒显得更具有内涵。于是,面对"巴金"这个笔名,试图索解深意的人们,不免怅然若失。

芸芸众生里,巴金竭尽一生去做好人,去让生命绽放花朵,去做一个低调的普通人。这实在是个有趣的现象。当生命之树缀满了绚丽的花朵与甜美的果实,每一根枝条与每一枚叶片都微笑着低下了头。而所有这些绚丽的、甜美的、微笑的花果枝叶都终将化作泥土,留在人们温暖的脚印里。

第四章

赵树理 ▶ 愿你决心做一个劳动者

广建:

多日不见你的来信,不知近来有何进步。

你离开学校已经一年了。在这一年中,你换了三个工作岗位,最后总算"接近"了劳动人民。我想在现在的条件下,你的思想应该有所开展,因而我又想对你一年来的生活、思想情况作一点分析,作为你今后调整生活的参考。

去年你要到新疆,我同意了。在商量这件事的过程中,你驳回了我好多建议:我要你回原籍参加农业社,你根本不愿考虑;我让你在北京参加服务业,并具体提出当售票员、售货员、理发员等职务,你调皮地说售票、售货只售给爸爸,理发也只给爸爸理,其实自然还是根本不愿考虑。

从这一件事看来,当时我说你是看不起劳动人民,你不服气,现在我想你应该能够认识这一点了吧!……

……听你的同学说,你近来写了几篇文章(内容我没有打听),我不反对,但也不敢贸然鼓励。我是从二十多岁起就爱好文艺,而且也练习过,但认真地写还是三十八岁以后的事。业余可以写作,今后的作家大部分仍会从业余中产生,但一定要认识什么是"业"什么是"余",爱业务的精神应该超过爱写作的精神好多倍。你知道我也爱吹笛子,而且吹得很蹩脚;我不因为吹得不好而不吹,但也永远不争取登台独奏(在家自然只能"独奏")。这就叫业余。业余的文艺爱好者对写作应抱这种态度——写得好了自然也可以发表,特殊好了也可以转业,也像我的笛子假如吹好了也可以登台演奏或参加乐队一样。有好多参加农业社的青年知识分子给我来信说,他们立志要当个作家,我不同意。农业社可以产生作家,只是把当作家放在第一位,而生产就成了"业余"。农业社参加的这种人多了,也许会把社变成了小的作家协会,只是不容易把社办成个模范社。

不写了!希望你参加生产,把主要兴趣放在主要业务上。

父示九月十四

——赵树理《愿你决心做一个劳动者》

平 生 辉 煌

　　清光绪三十二年（1906），赵树理出生在山西沁水一个贫下中农兼手工业者家庭。祖父赵中正原是个杂货店的会计，后改业归农并入了三教圣道会。父亲赵和清是农民，兼编织柳器的手工业者。赵中正晚年以参禅拜佛为务，闲暇亲自教授赵树理《三字经》《百家姓》以及"四书"等。在祖父和父亲的教育下，赵树理不仅开始识字读书，而且学会了犁地、摇耧、锄苗、扬场等各种农活。更有趣的是，年少的赵树理还接触到了拉弦、打卦算命和土方治病，近乎一部行走的"万保全"。皈依宗教的祖父对赵树理要求很严，赵树理不仅身体力行"敬天地、礼神明，奉祖先、孝双亲，守王法、敬师尊"等关乎封建或者宗教的诸多礼制规矩，更在内心养成了"不履斜径、不欺暗室，积德累功、慈心于物"等与人为善、助人为乐的道德品质。早年的家庭教育，影响了赵树理的一生，尤其是其文学创作的题材选择与基调把握。

　　在祖父去世后的一段时间里，赵树理跟随父亲学做庄稼活和编织柳器。在这三年多的时间里，农村的文化娱乐进一步吸引了赵树理的兴趣，地方音乐和戏本等都成为赵树理学习的内容。一直到 1919 年，赵树理被送到高级小学去读书。1925 年，赵树理考入山西长治县省立第四师范学校，逐渐接受有别于祖父"家学"的新思潮。

1937年,赵树理加入中国共产党。在驱逐腐败校长的学潮运动中,作为学生代表的赵树理被捕入狱。经过历练,赵树理逐渐树立了以革命为本分而以其他社会职业为取得衣食来源的人生信念。抗战全面爆发后,赵树理参加了党领导的"山西牺牲救国同盟会"。在斗争中,赵树理不断成长,通过地主阶级和蒋阎匪军在抗日阵营中的反动性,认识到群众基础的重要性。更为重要的是,在思想觉悟不断提高的同时,赵树理找到了自己的用武之地。

自1940年起,赵树理编辑过牺盟会的《黄河日报》、一二九师的小《人民报》、华北新华日报社的对敌占区宣传报刊《中国人》、华北新华书店出的《新大众》等报刊,写下了不少通俗小说、诗歌、小戏、曲艺、杂感等作品,全面加入到抗战的文艺队伍中。1942年初,中共太行区委为开展群众文化工作,调赵树理到华北党校专事文化普及工作。党对农村文化运动的重视,特别是1942年的文艺整风运动,给赵树理以巨大的鼓舞。

1943年,赵树理以武乡一桩迫害自由恋爱的青年致死的案件为素材,创作了短篇小说《小二黑结婚》。紧接着,赵树理以抗日根据地农村减租减息斗争为题材,创作了被誉为20世纪40年代解放区文艺代表作的中篇小说《李有才板话》。1945年,长篇小说《李家庄的变迁》问世,赵树理通过晋东南一个村庄中各类人物的不同命运,反映从辛亥革命后到抗战胜利，长时间里山西农村的历史性大变革。1948 年，赵树理在中篇小说《邪不压正》里揭露了作为小生产者的农民在改变了受压迫的境况后立即暴露出来的思想局限，表达了自己对农村生活的独特感受和对农民局限性的深刻理解。赵树理在此前后创作的《孟祥英翻身》(1944)、《福贵》(1946)、《传家宝》(1949)等作品，也都指向明确、意图清晰地选择了农民的日常生活来描绘他们心灵变化的艰难历程。赵树理的小说继承并发展了传统小说和说唱文学的特色，在突破新小说与农民的隔阂进而表现农村新变的过程中，形成了为广大农民所喜闻乐见的民族风格。20 世纪 50 年代中期以后，一个有意识地以赵树理为中心的流派——山药蛋派逐渐形成。

人 间 岁 月

　　赵树理被视为"农民作家"。作家汪曾祺曾经深情地回忆过赵树理的日常：

　　　　树理同志衣着朴素，一年四季，总是一身蓝卡叽布的制服。但是他有一件很豪华的"行头"，一件水獭皮领子、礼服呢面的狐皮大衣。
　　　　他身体不好，怕冷，冬天出门就穿起这件大衣来。那是刚"进城"的时候买的。那时这种大衣很便宜，拍卖行里总挂着几件。奇怪的是他下乡体验生活，回到上党农村，也是穿了这件大衣去。那时作家穿獭领子狐皮大衣下去的很少，可是家乡的农民并不因为这件大衣就和他疏远隔阂起来，赵树理还是他们的"老赵"，老老少少，还是跟他无话不谈。看来，能否接近农民，不在衣裳。但是敢于穿了狐皮大衣而不怕农民见外的，恐怕也只有赵树理同志一人而已。——他根本就没有考虑穿什么衣服"下去"的问题。

狐皮大衣没有阻碍农民老乡对大作家赵树理的亲近，是因为在这件仅有的为了保护病弱身体的华服之外，赵树理自始至终与农民们同吃、同住、同劳动，实实在在就是个"农民"。

1921年，虚岁刚到十七的赵树理在家庭的安排下同邻村张家山一位姓马的女子结了婚。高小毕业后，赵树理先后在外地上学、教书。妻子在家操持家务，备受辛劳，不幸在1929年病故。1932年，赵树理为了照顾家里，娶了第二位妻子关连中。一直到1970年赵树理去世，两人情真意笃、相互扶持，在一起共同生活了38年。赵树理有三子一女，三个儿子的名字分别为赵大湖、赵二湖、赵三湖。赵大湖是赵树理与前妻之子，学名赵广源。"大湖"，原叫"太湖"，是爷爷赵和清给取的，老人算着大孙子命里缺水，就给起了个名字叫太湖，可是村里人最后给叫成了"大湖"。至于"二湖""三湖"则是赵树理给取的，"名字就是个记号，别穷讲究了，就跟着哥哥叫吧"，未免过于"朴素"。不过,女儿赵广建的名字也是赵树理给取的,明显"文艺""精致"得多。然而,对这个被自己放在心尖尖上宠爱的女儿,在人生道路的选择上,赵树理表现出了非常明确的"农民"立场。当赵广建在北京读完高中后,赵树理没让她继续求学深造,而是专门写了封信《愿你决心做一个劳动者》劝女务农:

> 从新疆带病回来以后,我仍动员你不论回原籍、不论到永济,最好是参加农业社直接生产,你说那是"不现实的"。你所谓"不现实",似乎是指你的身体不强,又缺乏锻炼,这理由是站不住的。任何劳动生产的组织中,成员们的体力条件都不是非常平衡的,每个人都有一些强弱的差别,因而每人分到的工作和应得的报酬也都有差别。每个农业社中,每个工厂中,都有体力和你相等和比你还弱的人,他们都很现实地参加在生产之中;至于没有锻炼,那只是时间问题,参加进去就是锻炼的开始,这难道还能成为什么不应参加生产的理由吗?

在赵树理看来,身体不强不仅不是远离农业生产的理由,反倒是投入农业社直接生产从而强健体魄的动力,至于女儿,完全不应以此为借口错失锻炼的机会。于是,赵广建在1957年被赵树理亲自送回家乡做了农民。这一做就是20年。

他 山 之 "玉"

　　在城市化与工业化的浪潮中，农民依然是社会稳定运行时最扎实、稳定的支撑群体。农民作家赵树理 60 年前希望有知识、有志向的青年留在农村、奔赴农村的想法，在乡村振兴的今天依然堪称真知灼见。

　　1963 年 6 月 21 日，《文汇报》刊登了赵树理的文章《随〈下乡集〉寄给农村读者》，赵树理写道：

> 　　我是农村出身，是在华北的太行山区长大的。我每逢写作的时候，总不会忘记我的作品是写给农村的读者读的。

　　水流千遭归大海，树高百丈不忘根。1949 年，赵树理随新大众报社进入北京，后被调往文化部戏剧改进局曲艺处当处长，不久又被选为北京市文联副主席。然而，赵树理最终还是回到了故土山西，决心做一个劳动者。女儿赵广建回忆父亲时说："对于农活，无论是耕地、摇耧，还是扬场、撒粪，没有一样能难住他。他下乡经常是赶上什么活都能跟上社员干，这使他非常容易接近群众。"也许，在赵树理的视野中，这才是生命的本分。

郭沫若曾称赞赵树理："这是一棵在原野里成长起来的大树，它根扎得深，抽长的那么条畅，吐纳着大气和养料，那么不动声色的自然存在。"

后记

　　亲子之爱与家庭之教,是人间至纯的情感和至善的理性,也是人类绵延不息的奥秘。

　　在人间所有的情感与智慧中,父母对儿女的爱,对儿女的教诲,是最为深沉、最为独特的一种。这种爱和叮咛,蕴藏着无可替代的力量,宛如繁星点点,烛照着人类在时光隧道里缓缓前行。卡尔·马克思说:"还有什么比父母心中蕴藏着的情感更为神圣的呢?父母的心,是最仁慈的法官,是最贴心的朋友,是爱的太阳,它的光焰照耀、温暖着凝聚在我们心灵深处的意向。"

　　父母,总是把孩子视为生命中最重要的部分,用全部的心血去呵护、去照拂,恨不得将世间所有的善意和庇护都倾注在儿女身上。这份爱和教导无怨无悔,无私无畏,理性深刻,如同太阳一样辉煌,如月亮一样清澈,为儿女的成长提供了无穷的力量和向上的动力。而孩子对父母的回报,对父母的尊敬和关心,对父母的反哺和光耀,也是他们内心最深的情感表达。他们为父母分担忧虑,为父母奔波在路,陪伴父母慢慢变老,把家族的荣光发扬光大。

　　亲子之爱与家庭之教,广大无边,无处不在。无论儿女走到哪里,无论父母身处何方,这份情感和理性都会如影随形,弥漫在儿女的头顶和天空,无比深厚,无比真挚。它是情感和智慧的传递,更是生命和精神的延续。它以一种春风化雨、润物无声的方式,流淌在人类社会的每一个角落。无论时代如何变迁,无论世事如何变幻,父母对儿女的深情眷顾,儿女对父母的虔诚回报,始终都在,从未改变。

回望中国近现代时期名人名家的家庭教育实景,重温那些散落在时光深处的亲子温情与家教智慧,体味其中的温馨、理性、深远和绵长,就是一种最好的学习和领悟。

也因此,父母所在的那个家,是我们人生之旅的始发港,也是人生回归的目的地。

加拿大教育家维吉尼亚·萨提亚说:"我相信家庭与外界是决然不同的,它可以充满爱,关怀及了解,成为一个人养精蓄锐的场所。"

对于那些深受父母之爱和家教之光滋润的成熟儿女,他们所能达到的理想高度应该是这样的——他们发展了父母双方的良知,既能保持和父母的紧密关系,又能创新传承父母的进取精神,并由此成为父母的至爱和传人。这,正是"名人家庭教育丛书"呈现给我们的精髓之所在。

"名人家庭教育丛书"的顺利出版,首先要感谢上海开放大学副校长王伯军。王校长领衔的"名人家庭教育丛书"编委会在广泛调研的基础上确立了丛书的选题、框架和表达风格。其次要感谢上海开放大学非学历教育部部长王松华研究员,王部长自始至终全程参与了丛书的策划和实施,为丛书的顺利完成不断助力。

"名人家庭教育丛书"能够如期付梓,还要感谢八位作者,他们从国家开放大学、上海财经大学、中国福利会、上海开放大学总校及分校汇集到一起,在丛书编委会的指导下独立思考,潜心写作,高效完成了丛书的写作。在此,向八位作者表示由衷的敬佩和感谢!

"名人家庭教育丛书"的圆满出版,更要感谢上海远东出版社程云琦主任带领的编辑团队,他们为丛书的设计、审阅出版付出了辛勤劳动和专业智慧。

本丛书从制定撰写方案到完稿前后只有一年半时间,加之作者撰写经验有限,丛书难免有疏漏或不当之处,敬请读者批评指正!

"名人家庭教育丛书"主编　杨敏